OETINGER *Lesebuch*

eine Sonderausgabe zum 85. Geburtstag von Astrid Lindgren
mit einer Biographie von Kerstin Ljunggren
mit Fotos und Illustrationen
mit einer Zeittafel und mit einer Übersicht über Astrid Lindgrens Bücher und Auszeichnungen
für Kinder und alle, die mit Kindern und Kinderbüchern zu tun haben

OETINGER
Lesebuch

Sonderausgabe 1992/93 · 29. Jahrgang

Verlag Friedrich Oetinger · Hamburg

Bildnachweis:

Alle Fotos sind im Privatbesitz von Astrid Lindgren
Illustrationen von:
Björn Berg: S. 29, 41, 117, 125
Volker Heydorn: S. 34
Ingrid Nyman: S. 31
Rolf Rettich: S. 39, 105
Ilon Wikland: S. 14, 23, 24, 47, 52, 55, 59, 61, 79, 82, 84, 85
89, 91, 95, 101, 109, 111, 119, 127

Die schwedische Originalausgabe der Biographie erschien bei
Rabén & Sjögren Bokförlag, Stockholm, unter dem Titel
»Läs om Astrid Lindgren«
Deutsch von Angelika Kutsch
Umschlaggestaltung: Julia Höpfner-Meyer,
unter Verwendung eines Fotos von Roine Karlsson
Satz: Lichtsatz Wandsbek, Hamburg
Herstellung: Clausen & Bosse, Leck
Printed in Germany 1992

ISBN 3-7891-1414-6

Inhalt

Besuch bei

Astrid Lindgren

Eine Biographie von Kerstin Ljunggren

Das gelbe Haus mit den roten Markisen

Fast mitten in Stockholm liegt ein großer, schattiger Spielpark. Er heißt Vasapark. Es ist ein großer Park mit Rutschbahnen, Schaukeln, einem Lastauto, in dem man spielen kann, Klettergerüsten, einem Fußballplatz im Frühling und einer Schlittschuhbahn im Winter.
Neben dem Park führt eine Straße entlang, die Dalagata heißt. Und an Frühlingsabenden, wenn die rotgelbe Sonne wärmend auf das Kindergewimmel im Vasapark scheint – dann leuchten die Häuser der Straße von der Sonne vergoldet.
In dem Haus ganz vorn, das mit den roten Markisen, in dem wohnt Astrid Lindgren.
Ich möchte wissen, wie viele Kinder schon auf dem Gehweg vor diesem Haus gestanden und gedacht haben: Da drinnen wohnt SIE. Dort drinnen sind all die Bücher geschrieben worden, die ich am allerliebsten hab: Pippi, die Kinder aus Bullerbü, Michel aus Lönneberga, Madita, Karlsson vom Dach, Mio, mein Mio, die Brüder Löwenherz, Ronja…

Weißt du, daß jede Woche ungefähr hundert Briefe durch den Briefkastenschlitz bei Astrid Lindgren plumpsen? Von Kindern aus der ganzen Welt – Japan, Hawaii, Afrika, Australien.
Wie kann *ein* einzelner Mensch Kinder verstehen wie kein anderer? Wie kann es nur angehen, daß ein Mensch so schreibt, daß die Kinder auf der ganzen Welt lieben, was dieser Mensch schreibt?
In diesem Buch will ich versuchen zu erklären, woran es liegen könnte. – Zuerst einmal gehen wir die Treppe hinauf. Und klingeln an der Tür.
Um das Heim zu beschreiben, das dahinterliegt, braucht man nur ein einziges Wort: gemütlich.
Diese Wohnung hat genau jene anheimelnde Behaglichkeit, die entsteht, wenn die Möbel schon lange da sind. Als erstes sieht man einen runden Tisch mit einer rosafarbenen geblümten Decke, die von vielen Sommern ausgebleicht zu sein scheint. Und darauf ein Glas mit Buschwindröschen. Die Frühlingssonne strömt zu den Fenstern herein. Hier gibt es viele Bücher, viele Gemälde. Und viele schöne Leseecken.
»Weißt du, wie lange ich schon in dieser Wohnung wohne?« ruft Astrid aus der Küche, wo sie gerade Kaffee aufgießt. »Fünfzig Jahre!«
Und das kann man sich vorstellen. Bestimmt sah diese Wohnung zu der Zeit, als Astrid Lindgrens Kinder hier wohnten und draußen im Vasapark spielten, fast genauso aus.

Astrid Lindgren im Wohnzimmer (oben), in der Küche (unten links) und in der Eßdiele (unten rechts) in der Dalagata

Astrid Lindgren an ihrem Schreibtisch

Aber wie ist Astrid Lindgren eigentlich?
Sie ist ein Mensch, bei dem man sich sofort geborgen fühlt. Journalisten berichten, daß sie angefangen haben, von sich selbst zu erzählen, als sie zu Astrid Lindgren kamen, anstatt sie auszufragen. Und genauso ist es. Wenn man sie kennenlernt, hat man ein Gefühl, sie schon immer zu kennen. Als ob man ihr all seine Sorgen anvertrauen könnte. Vielleicht deshalb, weil sie so durch und durch natürlich ist. Und weil sie so eine freundliche, ruhige Stimme hat.
Dennoch ist es ein komisches Gefühl, Astrid Lindgrens Heim zu betreten. Denn es ist ein Gefühl, als ob man geradewegs in ihre Bücher käme.
Erinnerst du dich an Bertil aus dem Buch über Nils Karlsson-Däumling?
Dieses Buch beginnt so:

> »Bertil stand am Fenster und guckte hinaus. Es begann dunkel zu werden. Neblig, kalt und unfreundlich sah es auf der Straße aus.
> Bertil wartete auf Papa und Mama. Er wartete so schrecklich, daß sie eigentlich schon an der Straßenlaterne hätten auftauchen müssen, nur weil er so darauf wartete.«

Wenn man auf die kleine Dalagata guckt, sieht man hinten die Biegung bei der Odengata – und genauso stellt man es sich vor, wenn man die Geschichte liest.

Oder erinnerst du dich an Herrn Lilienstengel? Der im Land der Dämmerung gewohnt hat? Natürlich ist er über die Bäume des Vasaparks durchs Fenster ins Kinderzimmer geschwebt gekommen! Und erinnerst du dich an Peter und Petra? Die winzigen Kinder, die nicht größer als Puppen waren? Sie haben ja in einer

Erdhöhle unter einer Tanne im Vasapark gewohnt. Und nachts, wenn alle Menschen in den Häusern um den Vasapark herum schliefen – da haben sie auf dem Eis getanzt.

Es ist, als ob die Luft in dieser Wohnung voller Phantasie wäre.

»Ja«, sagt Astrid, »aber das merkwürdigste am Vasapark ist doch, daß ich schon von ihm gehört habe, als ich noch ein kleines Bauernmädchen in Småland war. Meine beste Freundin fuhr mit ihrer Mama und ihrem Papa nach Stockholm und schrieb mir einen Brief. ›Die Knaben im Vasapark sind g–z‹, schrieb sie. Das hieß in unserer Geheimsprache: Die Jungen im Vasapark sind süß. Das ist doch merkwürdig, nicht wahr? Daß sie ausgerechnet vom Vasapark schrieb. Wo ich später über fünfzig Jahre lang wohnen würde.«

Warum ist sie die beliebteste Kinderbuchschriftstellerin der Welt?

Warum ist Astrid Lindgren eine der beliebtesten Kinderbuchschriftstellerinnen der Welt geworden? Was meint sie selbst, woher das kommt?

So hat der Hof zu jener Zeit ausgesehen:

»Na ja«, sagt sie langsam, »ich glaube, das kommt daher, weil ich eine glückliche Kindheit hatte. Und weil es so viel Liebe in dieser Kindheit gab.«
Dann beginnt sie zu erzählen:
Sie wurde auf dem Hof Näs am Rand der kleinen Stadt Vimmerby in Småland geboren. Am 14. November 1907.

Astrid hatte drei Geschwister. Einen Bruder, Gunnar, der knapp ein Jahr älter war als sie. Und zwei kleine Schwestern, Stina und Ingegerd, die ein paar Jahre jünger sind.

Und so sieht er heute aus:

Wenn man begreifen möchte, was Astrid Lindgrens Kindheit so glücklich gemacht hat, dann muß man die Bullerbü-Bücher lesen. Denn *genauso* ist es gewesen! Erinnerst du dich, wie die Kinder in Bullerbü in der Scheune übernachtet haben? Das ist direkt aus Astrids eigener Kindheit übernommen. Und erinnerst du dich an Ingas und Brittas Großvater? Der nur in seinem Schaukelstuhl saß und sich an sein Leben erinnerte und »ach jajajaja« sagte? Das war Astrids Großvater. Der genauso nett gewesen ist. Und der in seiner Hütte saß, die genauso warm und freundlich war. Großmutter Ida war eine große Märchenerzählerin. Ja, Astrids Welt der Kindheit war voll von genau solchen Menschen, solchen Stimmungen, solchen Spielen, von denen es in Bullerbü nur so wimmelt.
Aber wir wollen von Anfang an erzählen.
Astrids Papa war also Bauer. Er hieß Samuel August Ericsson. Astrids Mama hieß Hanna.
Und das Wichtigste an Astrids glücklicher Kindheit ist vielleicht, daß die beiden einander so lieb gehabt haben. Astrids Papa war erst dreizehn Jahre alt, als er Astrids Mama zum erstenmal sah. Da war sie ein hübsches kleines Mädchen mit Stirnlocken, das die beste Handschrift in der Klasse hatte. Und der Papa verliebte sich fürs ganze Leben! Mit neunzig Jahren, als er schon im Altersheim lebte, da war er immer noch voll dankbarem Staunen darüber, daß er sein ganzes Leben mit seiner Geliebten verbringen durfte.

Hochzeit von Samuel August und Hanna Ericsson 1905

Auf dem roten alten Hof Näs gibt es immer noch das braune Kästchen, in dem alle Liebesbriefe aus der Jugend ihrer Eltern verwahrt sind. Und wenn du eine der schönsten Liebesgeschichten lesen willst, die je geschrieben wurden, solltest du eine kleine Geschichte lesen, die Astrid über die Liebe ihrer Eltern geschrieben hat. Sie ist enthalten in dem Buch »Das entschwundene Land« und heißt »Samuel August von Sevedstorp und Hanna in Hult«.

Samuel August und Hanna bekamen also vier Kinder. Auf dem Photo siehst du die ganze Familie versammelt. Von links Papa Samuel August, Ingegerd, Astrid, Stina, Gunnar und Mama Hanna. Und die Kinder, sie spielten und spielten und spielten! Damals hatten Eltern auf dem Lande nicht viel Zeit, mit ihren Kindern zu spielen. Darum hatten die Kinder sehr viel Freiheit. Und um das rote Haus herum mit den Apfelbäumen stand ihnen die ganze Freiheit der Natur zum Spielen zur Verfügung. Wiesen, Wälder und Haine, Heuboden und Scheunen. Hier gab es auch viele Spielkameraden. Zu jener Zeit

lebte auf einem Hof ja nicht nur eine Familie, die aus Papa, Mama und Kindern bestand. Es gab auch viele Hilfskräfte. Und sie wohnten in den Hütten in der Umgebung. Das bedeutete, daß es überall Spielkameraden gab. Es wimmelte nur so von Kindern. Die Eltern waren immer da. Aber sie mischten sich nicht in die Spiele der Kinder ein.

»Ja, und sie gaben uns so viel Geborgenheit, diese beiden, die einander so gern hatten und die immer da waren, wenn wir sie brauchten. Aber sonst ließen sie uns alle Freiheit, so daß wir uns glücklich austoben konnten auf dem phantastischen Spielplatz, dem Näs unserer Kindheit«, sagt Astrid Lindgren.

„Ich habe geweint, als ich das letzte Kapitel über Michel aus Lönneberga schrieb…"

Wenn ein Mensch wird wie Astrid Lindgren – dann verbirgt sich fast immer ein Geheimnis dahinter, das wichtiger ist als alles andere. Weißt du – ich glaube, dieses Geheimnis ist Astrids Papa.

Beide Eltern von Astrid Lindgren waren gute und ungewöhnliche Menschen. Aber der Papa war etwas ganz Besonderes. Er war nicht nur ein herzlicher und guter Mensch, den alle mochten. Außerdem war er ein glücklicher Mensch.

Er war nicht nur darüber glücklich, daß er die bekommen hatte, die er liebte. Das ganze Leben machte ihn glücklich.

Manchmal, wenn er draußen unterwegs war und über Äcker und Weiden schaute, spürte er eine einzige große Freude.

»Ich bin so vor mich hingegangen und hab gejubelt«, hat er Astrid erzählt.

Nahe bei einem Menschen leben zu dürfen, der so voller Wärme und Freude ist – das kann einem Kind das Grundgefühl vermitteln, daß das Leben so *ist*.

Wenn es anders ist, stimmt etwas nicht, man muß versuchen, es wieder in Ordnung zu bringen.
Und ist es nicht genau das, was Astrid Lindgren in fast all ihren Büchern getan hat?
Sie fangen ja oft so traurig an. Aber am Ende kommt

alles in Ordnung. Denk nur an Bo Vilhelm Olsson in »Mio, mein Mio« zum Beispiel! Er hat schreckliche Pflegeeltern, eine Mama, die ihn nie umarmt, und einen Papa, der ihn »Lümmel« nennt. Er sitzt auf einer Bank im Tegnérpark und betrachtet all die Häuser, in denen Licht hinter den Fenstern leuchtet, und er stellt sich vor, daß dort drinnen fröhliche Familien sitzen: Papa und Mama und Kinder, die kleine Pfannkuchen mit Marmelade essen und sich unterhalten. Das alles ist so traurig, daß man weinen möchte. Aber Bo Vilhelm Olsson kommt ja später zu seinem Vater, dem König. Der das genaue Gegenteil seiner Pflegeeltern Tante Edla und Onkel Sixten ist.

Und dasselbe ist es mit Krümel Löwenherz. Er liegt in seiner dunklen Küche und muß husten und ist klein und kränklich und hat solche Angst, daß er sterben muß. Aber er kommt ja nach Nangijala. Und als es sich zeigt, daß dort doch nicht die Geborgenheit herrscht, wie er geglaubt hat, da kommt er nach Nangilima.
Das sagt Astrid Lindgren:
»Wenn ich nicht schlafen kann, denke ich mir solche Geschichten aus. Immer handeln sie von Kindern, die einem furchtbar leid tun können, die aber zu mir kommen, und dann habe ich die Chance, sie froh zu machen. Eine Phantasie sieht so aus: Ich bin eine Bauersfrau in Småland, irgendwann im neunzehnten Jahrhundert. Zu der Zeit gab es ja sogenannte Gemeindekinder. Das waren elternlose Kinder, die bei verschiedenen Familien untergebracht waren. Dort mußten sie sich für ihr tägliches Brot abrackern.
Ich stelle mir ein kleines Mädchen vor, das bei einer furchtbar bösen Frau ist, einer geizigen und hartherzigen Bäuerin. Das Mädchen bekommt nicht ordentlich zu essen, und niemals hört es ein freundliches Wort. Und an einem Wintertag darf es nicht mehr bleiben, es muß weg, hinaus in die kalte Winternacht, zu mir. Diese gemeine Bäuerin will das Mädchen einschüchtern und sagt: ›Warte nur, bis du zu *der* kommst, da ist es viel schlimmer!‹ Ich bin nämlich viel angesehener als sie. Deshalb denkt sie bestimmt, ich sei viel strenger. Ja, und dann kommt das Mädchen

zur Tür herein. Und hat Angst, solche Angst, daß es zittert. Aber ich nehme es in die Arme und dann auf meinen Schoß und frage, ob es nicht ein warmes, schönes Bad nehmen will. Ich hab nämlich gerade Wasser in einem Kessel erhitzt. Und dann bekommt es heißen Kakao und darf vorm Kaminfeuer sitzen. Und dann bring ich das Mädchen zu Bett. Und als es am nächsten Morgen wach wird, ist es ganz verzweifelt. ›Oje, ich habe verschlafen‹, sagt es. ›Ich muß doch aufstehen und arbeiten!‹ Und dann ist es ein herrliches Gefühl, sagen zu können: ›Nein! Du mußt überhaupt nicht aufstehen. Du hast doch Fieber. Jetzt mußt du schlafen. Du darfst den ganzen Tag im Bett bleiben, wenn du willst.‹

Ja, und so erzähl ich mir was«, sagt Astrid. »Wahrscheinlich bin ich der kindischste Mensch auf der Welt. Und ich hab viele solcher Phantasien.«

Astrid Lindgren holt fast all ihre Erzählfreude und Lust aus ihrer Kindheit.

»Eigentlich finde ich das ganze Leben ziemlich lustig«, sagt sie. »Aber am schönsten ist die Kindheit gewesen, das ist nun mal so.«

Sie holt ihre Einfälle jedoch nicht nur aus der Erinnerung an die Weiden, Wiesen, Heuböden und all die Spiele. Zu jener Zeit gab es in einer solchen Welt der Kindheit, in der Astrid Lindgren aufwuchs, auch noch viele originelle Menschen. Und es gab viele, die auch von all dem *erzählen* konnten.

Astrid Lindgren, 11 Jahre alt

Der beste Erzähler von allen war ihr eigener Papa. Er erzählte und erzählte und erzählte. Von verrückten, komischen Menschen, die in der Gegend gewohnt hatten, von Tanten und Onkeln und Leuten von früher. Davon, wie er selbst klein gewesen war, und er erzählte Märchen und Gespenstergeschichten und Sagen, die er einmal gehört hatte. Und er konnte sehr schön erzählen. Er konnte sich gut ausdrücken, hatte viel Humor und benutzte so komische Wörter.

Zu der Zeit gab es ja kein Fernsehen. Und auch kein Radio. Abends saß man um den Küchentisch herum, machte Schulaufgaben, stopfte Strümpfe, nagelte Schuhe. *Und unterhielt sich*. Das Leben auf einem Bauernhof war ziemlich anstrengend. Auch die Kinder mußten helfen. Astrid mußte oft nein sagen, wenn ihre Klassenkameraden sie fragten, ob sie sie nach der Schule besuchen wollte, denn sie mußte heim und Rüben verziehen. Oder die Hühner füttern. Oder Brennesseln pflücken. Aber um sich die Plackerei zu erleichtern, *erzählte* man sich etwas. Die komischen Geschichten von all den verrückten, lustigen Menschen, die in den Hütten rundherum lebten oder gelebt hatten, flogen durch die Luft.

Und von all dem hat Astrid Lindgren viel in ihren Büchern wiedergegeben. Am meisten in den Büchern über Michel aus Lönneberga.

»Ja«, sagt sie, »die Bücher über Michel haben mir beim Schreiben am meisten Spaß gemacht. Da konnte ich all

das benutzen, was mein Papa mir erzählt hat, als ich klein war. Während ich schrieb, hörte ich förmlich seine Stimme. All diese verrückten Geschichten konnte ich ja nicht der kleinen Lisa in den Mund legen. Lisa aus Bullerbü also. Die mußte ein Junge erleben. Und solchen Spaß, den ich hatte, als ich über Michel schrieb, hab ich wohl noch nie gehabt. Als ich das letzte Kapitel schrieb, habe ich geweint. Es war ein schreckliches Gefühl, daß ich Michel nie mehr wiedertreffen sollte.«

Die Märchenbücher

Man könnte eine ganze Menge verschiedene Spiele, Sachen, Orte und Ereignisse aus Astrids Büchern aufzählen – und sie dann in ihrer Kindheit wiederfinden. Man könnte zum Beispiel in die Gegend ihrer Kindheit fahren und sich da umschauen. Überall findet man Sachen, die man aus ihren Büchern wiedererkennt.
Vor ihrem Elternhaus steht eine knorrige Linde an der Gartenpforte, ein idealer Kletterbaum. Das ist der Limonadenbaum in »Pippi Langstrumpf«. Es ist der hohle Baum, in dem Tommy und Annika eine Limonade fanden, als sie gerade furchtbaren Durst hatten. Und es ist der Eulenbaum in dem Buch über die Kinder aus Bullerbü, in den Bosse ein Hühnerei legt und es von den Eulen ausbrüten läßt.
Und die schöne weiße Veranda am Haus? Ja, das ist doch die Veranda von der Villa Kunterbunt! Auf der Pippis Pferd nachts steht und schläft.
Und dieser Vivo-Laden in Vimmerby? Ja, das ist der Bonbonladen, in dem Pippi achtzehn Kilo Bonbons gekauft hat.

Und diese Geschichte in den Bullerbü-Büchern, wie die Lehrerin Märchenbücher in Stockholm bestellte – ja, genauso ist es in Wirklichkeit gewesen!
Im Buch wird es so beschrieben:

»Weil es der letzte Schultag vor Weihnachten war, las sie uns eine Weihnachtsgeschichte vor. Alles war irgendwie besonders an diesem Tag. Und gerade als wir gehen wollten, kam das Beste von allem.

Fräulein Lundgren hatte nach Stockholm geschrieben und Märchenbücher für uns bestellt. Wir hatten einen großen Bogen Papier gesehen, und darauf waren viele schöne Bilder, die die Umschläge von verschiedenen Märchenbüchern darstellten. Und danach konnten wir aussuchen, welche Bücher wir kaufen wollten. Ich hatte zwei bestellt. Lasse und Bosse hatten auch zwei bestellt.«

Und über den Schulweg nach Hause heißt es: »Während wir gingen, holte Britta ihr Märchenbuch hervor und roch daran. Und dann rochen wir alle daran. Neue Bücher riechen so gut – man kann am Geruch förmlich merken, wie schön es sein wird, sie zu lesen.«
Und *genauso* ist es gewesen.
»Mein erstes Märchenbuch werde ich nie vergessen«, sagt Astrid. »Es hieß ›Schneewittchen‹. Es war das schönste, was ich je gesehen habe.«
So hat dieses Buch ausgesehen:
Ein *eigenes* Buch zu besitzen! Es war himmlisch, sagt Astrid. Aber Astrids Kindheitserinnerungen bewegen sich nicht nur in nächster Nähe um den Hof Näs und den Schulweg mit blühenden Grabenrändern im Frühling und hohen Schneewehen im Winter.
Ganz in der Nähe lag die kleine Stadt Vimmerby – und die Stadt hat Astrid vor sich gesehen, als sie viele ihrer Bücher schrieb. Dort patrouilliert Wachtmeister Björk im »Meisterdetektiv Blomquist« durch sommerschläf-

Astrid Lindgrens erstes Märchenbuch

rige Straßen. Dort gehen Madita und Alva einkaufen. Dort kauft Pippi Langstrumpf mit ihren Goldstücken ein. Dorthin fährt Michel aus Lönneberga zum Markt und schafft sich ein Pferd an. Dort tragen die Roten und Weißen Rosen ihre Fehden aus. In einem Buch nach dem anderen hat Astrid Lindgren an diese behagliche kleine Stadt gedacht mit den kleinen Holzhäusern, den hügeligen Gassen und Kopfsteinpflasterstraßen.

Und man merkt, wie gern sie diese Stadt hat. Denn sobald sie die kleinen hügeligen Gassen beschreibt, entsteht eine besondere Stimmung in ihren Büchern.
Das hier erzählt ein Junge, dessen Lieblingsbuch »Kalle Blomquist lebt gefährlich« ist: »Ich kann es viele Male lesen. Ich brauch es nur irgendwo aufzuschlagen und ein Stück zu lesen, und schon bin ich froh. Wie die Geschichte von der Sommernacht, als Eva-Lotte, Anders und Kalle von den Roten Rosen gejagt werden. Da wird beschrieben, wie ihre nackten braunen Füße auf dem Kopfsteinpflaster patschen. Und Jonte ist direkt in eine kleine Bruchbude gerannt, und als er aus dem Fenster springen will, hat er vergessen, daß draußen ein Bach und keine Straße war. Und ist geradewegs hineingeplumpst! Genauso möchte ich auch spielen. Laufen und einander jagen und kämpfen und in einer Sommernacht durch eine ganze kleine Stadt schleichen.« Ja, wenn man Astrid Lindgrens Bücher liest, kommt man leicht auf die Idee zu denken: Wieviel mehr Spaß muß es gemacht haben, zu der Zeit Kind gewesen zu sein! Und genau dort, in Småland, wo sie gewohnt hat.
Aber Astrid Lindgren sagt:
»Kinder haben eine einzigartige Begabung, mit ihrer Phantasie *jede* Art von Kindheit auszumalen. Ich glaube keineswegs, daß man so wohnen muß, damit es eine schöne Kindheit wird. Ich mache mir nur Sorgen um die Kinder, die ständig vorm Fernseher sitzen. Ich

glaube, das hat eine verheerende Wirkung. Denn die Phantasien und Bilder, die sich Kinder in ihrem eigenen Kopf gestalten können, sind entschieden lebendiger als die Fernsehbilder.«

"Oh, wie wir gespielt haben!"

Astrid hat einen Wunsch: Kinder sollten mehr spielen, als viele Kinder es heutzutage tun. Denn wenn man genügend spielt, solange man klein ist – dann trägt man Schätze mit sich herum, aus denen man später sein Leben lang schöpfen kann. Dann weiß man, was es heißt, in sich eine warme, geheime Welt zu haben, die einem Kraft gibt, wenn das Leben schwer wird. Was auch geschieht, was man auch erlebt, man hat diese Welt in seinem Innern, an die man sich halten kann.

Dann fängt Astrid an, von allen Spielen zu erzählen: »Ja, wie haben wir *gespielt*. Vom Morgen bis zum Abend. Unermüdlich, mit Eifer und Freude. Wir sind auf die höchsten Bäume geklettert und sind zwischen den Bretterstapeln bei der Säge hin und her gesprungen. Wir balancierten auf dem Dachfirst von unsrem Haus entlang – es war ziemlich hoch –, und wenn wir runtergefallen wären, fürchte ich, dann wäre es ausgespielt gewesen. Wir bauten uns Geheimhöhlen im Heu auf dem Heuboden und unterirdische Gänge und Höhlen in den hohen Sägespänehaufen. Wir bauten uns Spielhütten und Höhlen in den Hainen rund um unser Zuhause, auf dem Boden überm Schafstall spielten wir Zirkus und im Dunkel der Herbstabende Hexe. Wir hatten entsetzliche Angst vor der Hexe, die uns verhexen würde. Dabei wußten wir, daß es doch nur unsere jüngste Schwester war, die wir immer dazu zwangen, Hexe zu sein. Und die Arme hatte noch mehr Angst als wir, wenn sie allein in der Dunkelheit hinter einer Hausecke stand.

Wir spielten auch den Inhalt aus allen Büchern nach, die wir lasen, und siedelten die Geschichten an geeigneten Orten in der Umgebung an. Daher kommt es, daß die Jauchegrube hinterm Kuhstall die Dunkle Spiegelnde Woge wurde, als wir ›Anne auf Grönkulla‹ lasen, und ich mit meinem Flachshaar wurde die schöne, dunkelhaarige Diana Barry.

Im Haus bauten wir uns Räuberhöhlen auf dem Dachboden und spielten ›Nicht den Fußboden berühren‹ im Schlafzimmer. Es kam darauf an, daß man im ganzen Zimmer herumkletterte, ohne den Fußboden auch nur mit dem Zeh zu berühren. Das war ein Unternehmen, das ziemlich große Gelenkigkeit verlangte und das im Lauf der Zeit auf unseren Möbeln unauslöschliche Spuren hinterlassen haben muß, aber man ließ uns gewähren. Wir hatten noch ein Spiel, das wir im Haus spielten, und das hieß ›Kickse-kickse-hu‹, ein wildes Laufspiel, das für den, der in der Küche arbeitete, sehr lästig war – aber man ließ uns gewähren. Ein anderes Spiel hieß ›Was für'n Kuchen‹, und der Schlußeffekt bestand darin, daß wir alle auf einem Haufen in

Vaters Bett lagen und vor Lachen brüllten.
Aber wir spielten auch stillere Spiele. Zum Beispiel das Engelspiel. Mein Bruder war selbstverständlich der Erzengel, ich war ein ganz gewöhnlicher Schutzengel, und die kleinen Schwestern waren die unschuldigen Kinder, die beschützt werden sollten. Der Erzengel und der Schutzengel flatterten wild herum und hatten ihren Spaß, während die kleinen Schwestern mucksmäuschenstill liegen mußten und nichts machen durften. Wenn wir Doktor spielten, mußten sie auch mucksmäuschenstill in ihren Betten liegen. Mein Bruder war selbstverständlich der Doktor, und ich war die Krankenschwester. Der Doktor schrieb Rezepte. Eins davon ist erhalten, und es lautet: ›Krankes Mädchen gehört gut gepflegt. Krankes Mädchen muß Einlauf kriegen.‹ Es war eine schreckliche Anweisung, denn ein Klistier war für uns das Allerschlimmste.«
Wer viele Astrid-Lindgren-Bücher gelesen hat, der erkennt bestimmt viele dieser Spiele wieder. »Kicksekickse-hu«, das war ja das Spiel, das Michel und Ida gespielt haben, als sie durch die Küche getobt sind und geschrien und Lina in den Bauch gepikt haben, so daß sie die Schüssel mit dem Kartoffelpufferteig fallen ließ, Michels Papa mitten ins Gesicht.
Und »Nicht den Fußboden berühren« – das Spiel haben ja Pippi, Thomas und Annika in Pippis Küche an ihrem Geburtstag gespielt. So heißt es im Pippi-Buch:

»Das Spiel war sehr einfach. Das einzige, was man zu tun hatte, war, in der ganzen Küche herumzuklettern, ohne ein einziges Mal seinen Fuß auf den Boden zu setzen. Man fing am Abwaschtisch an, und wenn man die Beine genügend breit machte, kam man zum Herd rüber und vom Herd zur Holzkiste, von der Holzkiste über das Hutablagebrett auf den Tisch runter und von da über zwei Stühle zum Eckschrank. Zwischen dem Eckschrank und dem Abwaschtisch war ein Abstand von einigen Metern, aber da stand glücklicherweise das Pferd...«

Ja, Astrid Lindgren schöpft beim Schreiben ihrer Bücher wirklich aus ihren Kindheitserinnerungen. Fast alles hat sie selbst erlebt.

Das Haus ihrer Kindheit: So hat es in den Zimmern ausgesehen

Aber nun muß man sich natürlich fragen, wie es angehen kann, daß sie, Gunnar, Stina und Ingegerd dieses Spiel »Nicht den Fußboden berühren« zu Hause bei sich spielen durften? Durften sie wirklich auf den Möbeln herumklettern?

Das Schlafzimmer auf Näs

Das Eßzimmer auf Näs

Ja, das durften sie. Die Möbel in einer Bauernwohnung zu der Zeit waren unempfindlich. Es waren rustikale, stabile Kommoden, schwere, stabile Betten, Eckschränke aus unempfindlicher Kiefer. So sah das Zimmer aus, das Schlafzimmer, in dem sie das Spiel gespielt haben:
Aber in allen Zimmern durften sie nicht spielen. Im Eßzimmer durften sie nie spielen. Dort durften sie sich nur zu Weihnachten und Ostern und wenn Gäste kamen aufhalten. Dort sah es so aus:
Im Eßzimmer war es immer sehr ordentlich aufgeräumt. Die Flickenteppiche lagen sauber und gerade

ausgerichtet auf dem Boden. An den Fenstern waren weiße Spitzengardinen. Dort stand auch eine Orgel. Und auf dem Tisch lag die Bibel. An einer der Wände hing ein schwarzes Samtbild, darauf stand mit silbrigen Buchstaben »Gott ist die Liebe«. Außerdem hingen dort reihenweise Porträts von Verwandten, alte Fotos, auf denen Bauern und Bauersfrauen waren, Bauernjungen und Bauernmädchen.

Wir können in noch ein Zimmer zu Hause bei Astrid gucken: die Küche. Das war der Raum, in dem man sich meistens aufhielt. Um den Tisch saßen niemals weniger als zehn Personen zum Abendessen. Denn wie gesagt, lebten und arbeiteten nicht nur Mama, Papa und die vier Kinder auf diesem Hof. Es gab ja auch Knechte und Mägde, alte Männer und Frauen, die halfen. Die Mägde – oft waren es zwei – schliefen im Winter auf der Ausziehbank in der Küche und im Sommer oben auf dem Dachboden. Sie lebten nah bei der Familie und bedeuteten den Kindern meistens genausoviel wie die liebe Alva in den Büchern von Madita.

Astrid Lindgren hat oft erzählt, daß ihre Kindheit wohltuend frei von Genörgel war. Sie hatte eine Mama, die einerseits streng war: Sie erwartete, daß die Kinder ihr gehorchten. Aber andererseits war sie sehr lieb: Sie stellte nicht einen Haufen unnötiger Anforderungen. Kam man zu den Mahlzeiten zu spät, durfte man sich etwas aus dem Speiseschrank nehmen. Nie

Die Küche auf Näs

sagte die Mama etwas dazu. Und sie schimpfte nie wegen zerrissener oder schmutziger Kleider. Sie verstand ganz einfach, daß Kinder *spielen mußten*.
Man stelle sich vor, die kleine Astrid hätte gewußt, daß all dies Spielen zu Büchern werden sollte, die von Kindern in der ganzen Welt geliebt werden! Daß Kinder auf Hawaii und in China erfahren würden, wie es war, Kind auf Näs zu sein. Und wie es war, einen Bruder zu haben, der Drehrumdiebolzen-Ingenieur werden wollte. Denn Lasse in Bullerbü – das ist ja Astrids eigener Bruder Gunnar. Gunnar war geradezu unglaublich im Erfinden von Spielen und lustigen Wörtern. Erinnerst du dich zum Beispiel daran, wie Pippi Sachensucher war? Das Spiel hat Gunnar erfunden. Und erinnerst du dich daran, wie Bosse in Bullerbü ein Hühnerei in das Eulennest im Eulenbaum gelegt hat? So daß die Eulenmama mitten zwischen ihren drei dunklen Eulenkindern ein kleines gelbes Küken ausbrütete? Das hat Gunnar in Wirklichkeit getan. Gunnar ist der einzige der vier Geschwister von Näs, der heute nicht mehr lebt. Er ist 1974 gestorben. Damals schrieb Astrid Lindgren:
»Mein herzenslieber kleiner Bruder ist tot! Ich trauere so schrecklich um ihn und erinnere mich daran, wie nah wir uns während unserer Kinderjahre waren. Lasse aus Bullerbü, der erste Sachensucher, ist tot.«
Man könnte meinen, daß Astrid Gunnar am liebsten von ihren Geschwistern hatte. Aber sie selber sagt:

»Nein, ich liebe *alle* meine Geschwister. Mit Stina und Ingegerd telefoniere ich jeden Tag, mit der einen am Morgen, mit der anderen am Abend. Wir sprechen oft über unsere Kindheit. Und Stina hat ein phänomenales Gedächtnis für all die Gedichte, die wir damals lernen mußten. Sie sagt sie mir noch heute am Telefon auf.«

Astrid als kleines Mädchen – wer war sie?

Aber wie ist Astrid selbst als kleines Mädchen gewesen?
War sie wie Lisa in Bullerbü – ein wenig still und pusselig? Ein Mädchen, das gern in ihrem Zimmer aufräumte und es schmückte, das ihre Puppen zu Bett

Astrid Lindgren ist die dritte von links

brachte und Kuchen backte? Oder war sie eher wie Madita? Ein bißchen verwegen und einfallsreich und unternehmungslustig?

Sie hatte vermutlich von beiden etwas.

Das wird einem klar, wenn man hört, was sie von ihrem ersten Schultag erzählt.

Am 7. August 1914 war die Einschulung für Schulanfänger bei der Volksschule von Vimmerby. Astrid ging an der Hand ihrer Mama dorthin. Sie trug ein kleinkariertes Kleid.

Zu jener Zeit hießen eine Lehrerin und ein Pastor die Kinder am ersten Tag in der Schule willkommen. Der Pastor rief die Namen der Kinder auf, und dann mußten sie nach vorn gehen und sich in einer Reihe vorm Katheder aufstellen und die Lehrerin begrüßen. Viele Kinder waren sehr ängstlich und schüchtern. Ein Zwillingspaar weinte und machte sich in die Hose. Astrid begann zu heulen, als der Pastor den Namen Astrid Ericsson aufrief. Aber als er sagte, daß sie sich nicht in der Reihe anzustellen brauchte, wenn sie schüchtern war, und daß sie sich hinsetzen durfte, da hörte das Weinen auf. Nei-hein! Da wurde sie kühn; sie wollte sich unbedingt in der Reihe anstellen. Vor ihr stand ein hübsches Mädchen mit schwarzen Haaren. Das wollte sie kennenlernen.

»Ich hab sie ein bißchen angestupst«, hat sie erzählt. »Dann hab ich sie mehr angestupst. Und noch mehr. Da drehte sie sich um und warf mir so einen wütenden und strafenden Blick zu, daß ich meinte, im Boden versinken zu müssen. Aber schließlich saßen wir zusammen auf einer Bank und wurden Freundinnen. Sie hieß Märta.«

Natürlich kann man sich die siebenjährige Astrid vorstellen, wenn man das hört! Ein lebhaftes, empfindsames Mädchen. Das schnell lachte, aber auch ziemlich schnell weinte. Schau dir dies Klassenfoto an! Die einzige, die winkt, ist Astrid.

Von dieser Lebhaftigkeit erzählen alle, die sie zu jener Zeit gekannt haben. Sie war so erfinderisch, wird erzählt. Es hat solchen Spaß gemacht, mit ihr zu spielen, weil sie ständig Spiele erfand. Und es ging immer sofort los damit, was sie sich ausgedacht hatte. Sie

dachte nicht lange nach, sie fing sofort an, wenn sie eine Idee hatte.
Nicht nur Märta war eine gute Freundin von Astrid. Es gab auch noch ein Mädchen, das hieß Anne-Marie. Und das ist das Mädchen, von dem sie in den Büchern über Madita erzählt. Anne-Marie – das ist Madita. Anne-Marie war die Tochter des Bankdirektors von Vimmerby und wohnte in einer vornehmen Villa. Dort spielte Astrid Tag für Tag.
»Wohin gehst du?« fragte ihre Mama.
»Zur Villa«, sagte Astrid nur.
Das war ein Heim – so ganz anders als ihr eigenes Zuhause. Hier hatten die Möbel feine Seidenbezüge, hier konnte man »Nicht den Fußboden berühren« nicht spielen. Zusammen mit Madita fühlte Astrid sich sehr wohl. Und Madita und sie sind ihr Leben lang Freundinnen geblieben. Heute ist Madita 84 Jahre alt, genau wie Astrid, aber sie liegt in einem Pflegeheim. Astrid fährt sie jeden Dienstag besuchen.
»Und oft singe ich ihr all die Lieder vor, die wir in der Schule gesungen haben«, sagt sie. »Madita ist so müde. Für sie ist es am schönsten, wenn man singt und nicht soviel redet.«
Astrid hat Tränen in den Augen, wenn sie von Madita spricht. Sie findet es traurig, daß ein Mädchen, das einmal so mutig und munter und fröhlich gewesen ist – sie hat Astrid das Prügeln beigebracht –, so müde werden kann, wie sie es heute ist.

Aber zu der Zeit, als Anne-Marie noch munter war, hat sie einem Journalisten etwas über Astrid erzählt, an das sich auch alle anderen Spielkameraden erinnern. Sie war so gelenkig. Sie kletterte so gern in Bäumen herum. Wenn sie Turnen hatten, kletterte sie wie ein Affe bis unter die Decke.

»Ja, daran kann ich mich auch erinnern«, sagt Astrid. »Ganz oben unter der Decke im Turnsaal gab es irgendwelche dicken Heizungsrohre. Auf diesen Rohren bin ich immer entlangbalanciert.«

Und denk mal dran, in wie vielen von Astrids Büchern geklettert wird! Madita klettert auf das Dach vom Waschhaus. Madita und Mia schließen eine Wette ab, wer sich traut, über das Dach der Schule zu balancieren. Und in einem Buch, das »Kati in Italien« heißt, erzählt Astrid, wie Kati eines Tages nach Hause kommt zu ihrer Wohnung in der Kaptensgata in Stockholm und feststellt, daß sie den Schlüssel vergessen hat. Und da drinnen in der Küche steht das Gulasch und kocht vor sich hin. Da steigt sie ganz einfach aufs Dach, balanciert auf der Dachrinne entlang und klettert schließlich durch ihr offenes Fenster.

»Ja... und das ist auch *wahr*«, sagt Astrid. »Ich hab dort gewohnt. Als ich zwanzig Jahre alt war, hab ich in dieser kleinen Wohnung in der Kaptensgata gewohnt. Am schlimmsten war es, daß die Wohnung im vierten Stock lag! Tief da unten sah ich die Straße. Und das Fenster ließ sich nur nach außen öffnen. Ich hing erst mal mit gebeugtem Bein und gekrümmtem Arm da, ehe ich hineingelangte.«

Aber jetzt wollen wir nicht mehr von der Zeit reden, als Astrid zwanzig Jahre alt war und in einer kleinen Wohnung in der Kaptensgata in Stockholm wohnte und in einem Büro arbeitete. Jetzt wollen wir da weitererzählen, wo wir waren: in der Volksschule von Vimmerby 1914.

Astrids erste Lehrerin war keineswegs so nett wie die Lehrerin in Bullerbü. Sie war altmodisch streng, und außerdem war sie auch noch ungerecht. Sie war eine Lehrerin von der Art, die zu Kindern aus feineren, anständigen Häusern nett war. Aber kein bißchen nett zu den Kindern, die aus unordentlichen, armen Häusern kamen. Da Astrid aus einem sehr anständigen Haus kam und weil ihr Papa und ihre Mama den Ruf hatten, fleißige und tüchtige Menschen zu sein, und der Papa außerdem eine Menge öffentliche Aufgaben hatte, war sie nett zu Astrid.

»Ich erinnere mich, daß sie mir einmal hübsche Steine schenkte – die hießen ja wohl Orthozeratiten. Meine Schwester und ich haben damit immer Kuhstall gespielt. Aber ich mochte die Lehrerin trotzdem nicht.«

Zu der Zeit mußten die Kinder in Schweden etwas zu essen mit in die Schule nehmen. Und an dem, was sie mithatten, konnte man deutlich erkennen, welche Kinder aus ärmlichen Häusern kamen und wem es ein bißchen besser ging. Astrid und ihre Geschwister hatten oft Roggenbrot mit Speck dabei. Und kleine Pfannkuchen. Die armen Kinder hatten nur ein paar schmutzige Kartoffeln. Und darüber hat Astrid auch geschrieben, in »Madita«. Es gab viele Ungerechtigkeiten gegen Kinder zu jener Zeit. Zum Beispiel war es nicht verboten, Kinder zu prügeln. Einmal bekam ein Mädchen aus einer anderen Klasse der Schule Schläge auf den nackten Hintern, vor der ganzen Klasse, weil es jemandem Geld gestohlen und dafür Süßigkeiten

gekauft und an seine Kameraden verteilt hatte. Das war mit das Schrecklichste, was Astrid in ihrer Kindheit erlebt hat.

»Ich kann mich jetzt nicht erinnern«, sagt sie, »ob sie nicht sogar auf dem Marktplatz Prügel bekam. Ich hab es nämlich nicht selbst gesehen, ich hab nur davon gehört. Aber so etwas Schreckliches... und das hab ich ja im Buch über Madita erzählt. Nein, nein, *nein*! schreit Madita, als Mia Prügel bekommt. Und ich sage auch NEIN. Man darf ein Kind nie verprügeln, niemals.«

Aber wie kann Astrid Lindgren die Schule dann so *nett* beschreiben, wo sie doch selbst so eine unangenehme Lehrerin hatte? Lisa in Bullerbü hat ihre Lehrerin doch gern. Sie erzählt zum Beispiel, was das für ein Gefühl ist, nach den Sommerferien wieder zur Schule zu gehen:

> »Wenn man lange Zeit Sommerferien gehabt hat, finde ich wenigstens, daß es richtig nett ist, wieder in die Schule zu gehen. Bosse sagt, er will an den König schreiben und ihn bitten, alle Schulen zu schließen, aber ich hoffe, das wird der König nicht tun. Ich mag die Schule sehr gern, ich mag auch unsere Lehrerin gern und meine Kameraden. Auch meine Schulbücher habe ich gern, wenn ich einen neuen schönen Umschlag darumgemacht und ein neues Etikett mit meinem Namen daraufgeklebt habe.«

Dann sind also die Bullerbü-Bücher doch keine genaue Beschreibung ihrer eigenen Kindheit?
»Doch... in der dritten Klasse hab ich dann nämlich eine nette Lehrerin gekriegt«, sagt sie. »An sie denke ich immer, wenn ich nette Lehrerinnen beschreibe. Sie war lustig. Sie war jung und wohnte in einer kleinen Wohnung in Vimmerby. Und vor ihrem Fenster war ein Dach. Es war das Dach einer Veranda. Und stell dir vor, wenn wir sie besuchten, durften wir hinaus aufs Dach gehen und dort sitzen! So was vergißt man nie.«

Kristins Küche

Aber Astrid Lindgren schöpft nicht nur aus den Kindheitserinnerungen an besondere Menschen, Spiele und Ereignisse.

Sie erinnert sich auch an bestimmte Orte, die ihr ganz besonders viel bedeuteten. Und von denen sie genau aus dem Grund erzählt, wieder und wieder, in einem Buch nach dem anderen.

So ein Ort war Kristins Küche.

Kristin war eine Häuslerfrau (eine Frau, die auf dem Hof half) und wohnte in einer kleinen Hütte am Hügel unterhalb von Näs. Und Kristin hatte eine Tochter, Edit, die einige Jahre älter als Astrid war und oft mit Astrid und ihren Geschwistern spielte.

Eines Tages fragte Edit, ob Astrid sie nicht besuchen wolle, dann wollte sie ihr ein Märchen vorlesen. Astrid ging hin, setzte sich auf die Küchenbank, und dann las Edit ihr das Märchen vom Riesen Bam-Bam und der Fee Viribunda vor.

Und so etwas Wunderbares wie der Moment – Astrid wird ihn nie vergessen. Ein Märchen! Ein Buch!

Hier kannst du Astrid, Edit, Anne-Marie, die Enkelin des Pfarrers, und Gunnar sehen.

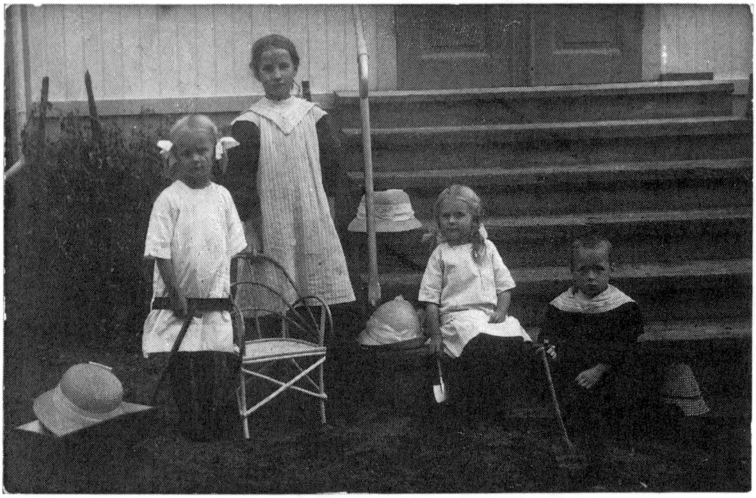

»Ja, diese Edit, gesegnet sei sie jetzt und allezeit, sie hat meine Kinderseele zum Schwingen gebracht, das immer noch nicht aufgehört hat«, sagt Astrid. »Ich vergesse es nie, kann es noch genau vor mir sehen, wie es war, als wir dort saßen, und die Stimmung spüren…«
Nun fragst du vielleicht, ob Astrid denn noch nie zuvor Märchen gehört hat! Das haben doch alle Kinder!
Heute ja, aber zu der Zeit und in einem Bauernhaushalt gab es keine Bücher. Doch, die Bibel und das Gesangbuch und einige religiöse Schriften, die der Pastor Astrids Eltern zu Weihnachten geschenkt hatte. Aber keine Bücher.

Und das merkwürdige ist, daß Astrid jedesmal, wenn sie eine gemütliche kleine Küche beschreiben will, Kristins Küche beschreibt. Die blaugestrichene Bank, den schwarzen Herd, den Klapptisch, die Pelargonien im Fenster... Sie denkt nicht oft daran, daß es Kristins Küche ist, die sie vor sich sieht. Aber wenn sie nachdenkt, dann fällt es ihr auf.

»Ist das nicht sonderbar«, sagt sie. »In einer lange verschwundenen, dürftigen kleinen Häuslerküche ist das Wunder geschehen, und seit jenem Tag gibt es keine andere Küche auf der Welt...«

Und so ist es ja wirklich. Das wirst du auch noch merken. Wenn wir etwas richtig gern haben als Kind, ein Zimmer oder einen Ort in der Natur – dann sehen wir immer genau diesen Ort vor uns, wenn wir als Erwachsene an etwas Schönes denken wollen.

Es gibt noch einen Ort, ein anderes Bild, das sich ein Leben lang in Astrid Lindgrens Herz festgebrannt hat, das ist eine Wiese in Småland mit eben errichteten Heureitern und einem bewölkten Himmel darüber, darum herum Hecken voller blühender wilder Rosen. Astrid Lindgren kann noch soviel in der Welt herumreisen und noch so viele wunderschöne Landschaften sehen. Trotzdem gibt es nichts, das sie innerlich so erregt und entzückt wie diese Heureiter und blühenden Heckenrosen.

Und ist dir schon aufgefallen, wie oft Astrid Lindgren in ihren Büchern zu diesen blühenden wilden Rosen

zurückkehrt? Es ist, als ob sie – sobald sie das Leben beschreiben will, wenn es am schönsten ist – über wilde Rosen sprechen muß. Denk an Bo Vilhelm Olsson in »Mio, mein Mio« zum Beispiel! Der mit den bösartigen Pflegeeltern Tante Edla und Onkel Sixten. Erinnerst du dich, wie er seinen Freund Benka in seinem Sommerhaus in Vaxholm besucht? Und wie er einen glücklichen Abend beschreibt, als sie auf einem flachen Felsen saßen und angelten?
»Es war die Zeit, in der die Heckenrosen blühen, und es wuchsen so viele Heckenrosen gleich hinter dem Felsen... Ich dachte, das sei das Schönste, was es auf

der Welt gäbe… Ich war nicht so dumm, daß ich davon etwas zu Benka sagte, aber ich dachte die ganze Zeit still für mich: Das hier ist sicher das Schönste, was es auf der Welt gibt.«

Und in so vielen Büchern von Astrid Lindgren tauchen diese wilden Rosen wieder auf. Denk nur an die Brüder Löwenherz! Was war das Schönste von ganz Nangijala? Das Heckenrosental!

Für Astrid und ihre Geschwister bedeutete die Natur so viel, daß Steine und Bäume fast wie Lebewesen waren. Wenn Astrid die Augen schließt, kann sie bestimmte sonnenwarme, mit Tannennadeln bedeckte Waldwege vor sich sehen, bestimmte Lichtungen, bestimmte Weiden. Und wenn sie ihren besten Kletterbaum sieht, erinnert sie sich genau an jede Ausbuchtung am Stamm, erinnert sie sich genau an das Gefühl, wie es war, die Füße dorthin zu setzen, genau an das Gefühl, das man *unter* den Füßen hatte.

Das trug auch dazu bei, daß Astrid und ihre Geschwister alles, was sie hörten, in Gedanken in der Natur einordneten. Wenn sie ein Märchen hörten, fiel ihnen sofort ein bestimmter kleiner Pfad oder eine Wiese oder eine bestimmte Biegung des Weges ein.

Astrid erzählt:

»Das Abendgebet *Ein reines Herz* begann zum Beispiel an der Holzschuppenecke und hörte am Graben hinterm Waschhaus auf, das stand jedenfalls für mich fest. Aber als ich das einmal zufällig Gunnar gegen-

über erwähnte, sagte er bestürzt: ›Bist du verrückt? *Ein reines Herz* geht doch hinterm Kuhstall lang!‹«
Aber gleich nach der Natur kamen die Bücher. Astrid verschlang Bücher. Alle Arten. Jungenbücher und Mädchenbücher, Abenteuerbücher und historische Romane und Liebesgeschichten. Und sie *lebte* in dem, was sie las, spielte nach, was sie gelesen hatte. Und so waren alle Kinder Ericsson. Alle verschlangen Bücher. Und nicht nur gewöhnliche Bücher. Sie lasen auch Gedichte. – »Was hab ich bloß für merkwürdige Kinder gekriegt!« sagte Samuel August. Und sie waren wirklich ungewöhnlich. Wenn Astrid heute, wo sie vierundachtzig Jahre alt ist, mit ihren Schwestern telefoniert, sagen sie einander Gedichte auf, die ihnen viel bedeuteten, als sie klein waren.
Und das ist eine Freude, die sie allen Kindern wünscht. Denn wenn man Bücher erst einmal entdeckt hat, kann man nie mehr im Leben wirklich einsam sein. Manchmal, wenn Astrid nachts nicht schlafen kann, geht sie an ihren Bücherregalen entlang und zieht hier ein Buch heraus und da eins. Und liest hier ein bißchen und da ein bißchen. Das ist, wie wenn man sich mit alten Freunden unterhält.
Wie aber war Astrid in der Schule? Hat man sofort gemerkt, daß sie eine große Schriftstellerin werden würde? Na ja, ganz genau so dachte man wohl nicht. Aber daß an ihren Aufsätzen etwas Besonderes war, das merkten die Lehrerinnen ziemlich schnell. Als sie

elf, zwölf Jahre alt war, wurden ihre Aufsätze in der Schule immer vorgelesen. Und als sie dreizehn Jahre alt war, wurde in der Zeitung von Vimmerby einer abgedruckt. Er hieß »Das Leben auf unserem Hof« und handelte von zwei kleinen Mädchen, Inga und Maja, die zwischen Blumen und Bäumen verschiedene Spiele spielten. Von da an wurde sie spaßeshalber die Selma Lagerlöf von Vimmerby genannt. Aber das war ihr peinlich, und sie dachte: Ich werde nie Schriftstellerin.

Die Jugendjahre ... und dann

Aber was kam dann? Was geschah, als die Kindheit vorbei war, als das Leben nicht mehr nur aus Spielen bestand – was geschah dann?
Was Astrid angeht, so kamen einige Jahre, die waren nicht so lustig.
»Nein!« sagt sie. »Ich erinnere mich noch an den Sommer, als ich dreizehn war und merkte, daß ich nicht mehr spielen konnte. Ich stellte es fest. Es ging einfach nicht. Es war entsetzlich. Und traurig. Und ich glaube, das haben alle Kinder in diesem Alter erlebt. Ich kann euch nur sagen: Verzweifelt nicht am Leben! Denn das geht vorbei. Diese traurige Zeit nimmt ein Ende. Und alles wird wieder gut.«
An ihre Jugendjahre erinnert sich Astrid wie an eine einzige Leere. Alle anderen waren verliebt. Sie selbst war nie verliebt. Und hübsch fand sie sich auch nicht.
Um sich zu trösten, wurde sie ein Wildfang. Sie war mit einer Clique Mädchen zusammen, die den Ruf hatte, flegelhaft und aufmüpfig zu sein. Sie spielten solche Spiele, da befestigte man eine Geldbörse an

einer Schnur und legte sie auf den Gehweg, versteckte sich hinter einer Hecke und zog die Geldbörse weg, wenn sich jemand danach bückte, um sie aufzuheben. Und sie machten Katzenmusik vor den Fenstern von Leuten. Und im Unterricht lachten sie, daß die Lehrer wütend wurden. Zu dieser Zeit sah Astrid fast wie Pippi Langstrumpf aus. Und man könnte ja meinen, sie hätte furchtbar viel Spaß gehabt. Aber im tiefsten Innern war sie vermutlich nur traurig.

Astrids Kindheit und Jugendzeit endete auf sehr dramatische Weise: Mit achtzehn erwartete sie ein Kind. Und bekam mit neunzehn einen Sohn, Lars, auch Lasse genannt. Zu jener Zeit war es ein Skandal, ein Kind zu bekommen, ohne verheiratet zu sein. Und Astrid wollte auf keinen Fall den Vater des Kindes heiraten. Um allem Klatsch zu entgehen, floh sie aus der Landschaft ihrer Kindheit nach Stockholm. Und ließ sich zur Sekretärin ausbilden und begann in einem Büro zu arbeiten. Aber zu jener Zeit konnte man als alleinerziehende Mutter nicht leben. Es ging einfach nicht. Es gab keine Kindergärten, keine Tagesmütter. Deswegen blieb Astrid nichts anderes übrig, als ihren Sohn in eine Pflegefamilie zu geben, bis sie ihr Leben in Ordnung gebracht hatte.

Jetzt denkst du sicher: Wie schrecklich…! Wie traurig, daß all das Lustige und Wunderbare auf diese Weise endete.

Ja, es *war* traurig. Diese Jahre – zwischen neunzehn

Astrid Lindgren als junges Mädchen

Astrid Lindgren und ihr Mann Sture Lindgren

und dreiundzwanzig – waren die Zeit einer einzigen großen Sehnsucht in Astrids Leben. Jedes Öre, das sie sparen konnte, benutzte sie, um zu Lasse zu fahren. Aber schließlich hielt sie es nicht mehr aus. Sie holte Lasse zurück. Zuerst hatte sie ihn bei sich in ihrem möblierten Zimmer, und tagsüber paßte die Vermieterin auf ihn auf. Aber dann konnte sie ihn zum Glück bei ihren Eltern auf Näs unterbringen.
Doch als Astrid dreiundzwanzig war, fand sie den Mann, den sie heiraten wollte. Er hieß Sture Lindgren und war ihr Chef. Im Frühling 1931 wurde Astrid Ericsson Frau Astrid Lindgren. Die Familie zog in eine Zwei-Zimmer-Wohnung in der Vulcanusgata. Das war eine kleine gemütliche Straße auf der anderen Seite

vom Vasapark mit Bäckereien und Schuhmachereien und Tabakläden. Da war Lasse viereinhalb Jahre alt. Drei Jahre später bekamen Astrid und Sture Lindgren ein Mädchen, Karin.

Eine glückliche Mama

Es ist nicht schwer, sich vorzustellen, wie glücklich jemand, der Kinder so gern hat wie Astrid Lindgren, gewesen sein muß, endlich Mama sein zu dürfen. Sie genoß es, ihre Kinder um sich zu haben. Viele Jahre war sie zu Hause. Alle Briefe, die sie an ihre Geschwister und Freunde schreibt, handeln nur von einem Thema: von ihren Kindern. Was sie tun, was sie sagen, was sie spielen.

»Das waren schöne Jahre«, sagt Astrid. »Aber was die kleine Wohnung angeht, da muß ich von einem merkwürdigen Zufall erzählen. Ich hatte schließlich angefangen zu schreiben, und als ich von Karlsson vom Dach schrieb, da dachte ich die ganze Zeit an dieses Haus. Dort hat Karlsson gewohnt. Über die Hausdächer jener Straße ist er mit Lillebror auf dem Rücken geflogen. Eines Tages ging ich also mit einem Journalisten dorthin und zeigte auf ein Haus. In dem, stellte ich mir vor, wohnte Karlsson. Und als ich unser altes Treppenhaus betrat, kam ein kleiner Mann, der sagte, daß er Karlsson heißt. Und daß er Dachdecker sei. Ist

Die Kinder Lars und Karin

das nicht komisch? Er wohnte genau dort, wo ich es mir vorgestellt hatte. So merkwürdige Zufälle kann man erleben.«

Aber *wann* hat sie eigentlich angefangen zu schreiben? »Ruhig, nur ruhig«, wie Karlsson vom Dach gesagt hätte. Erst einmal wollte Astrid zu Hause sein und viele Jahre ihre Kinder genießen.

»Als ich sie bekam, merkte ich ja, wieviel Spielfreude immer noch in mir war«, sagt sie. »Und das ist genau das, was man in den traurigen Zeiten seiner Jugend wissen muß: Es wird wieder schön. Oh, wie haben wir gespielt! Wir gingen zum Karlapark. Dort gab es herrliche Kletterbäume, und wir kletterten und kletterten. Als wir einmal den Abhang zum Karlakanal runtergerutscht sind, hab ich mir hinten das ganze Kleid aufgerissen. Ich erinnere mich, daß Lasse sich auf dem Weg nach Hause vor Lachen bog. Und daß er ganz dicht hinter mir gehen mußte, damit der Riß nicht zu sehen war.«

Heute ist Lasse tot. Er ist vor ein paar Jahren an einer schweren Krankheit gestorben. Im Fernsehen hat er einmal erzählt, wie es war, Astrid Lindgren zur Mama zu haben.

»Sie war nicht wie andere Mütter«, sagte er. »Sie saß nicht auf einer Bank bei der Sandkiste und guckte zu, wie die Kinder spielten. Sie wollte selbst mitspielen.«

Und dann fing sie an zu schreiben...

Aber Astrid Lindgren hat nicht nur mit ihren Kindern gespielt. Sie hat ihnen auch *erzählt*. Genau wie ihr Papa erzählte, so erzählte sie. Von der Zeit, als sie selbst klein gewesen war, von Leuten von früher, ja, von allem. Und nicht zuletzt: Sie dachte sich etwas aus. Sie dachte sich eigene Märchen aus.

Und jetzt möchtest du wohl wissen, wie es eigentlich war, als sie selbst Schriftstellerin wurde. Ja, das war so: Astrids Tochter Karin war sehr phantasievoll. Sie dachte sich immer Phantasiefiguren aus. Eine Zeitlang sagte sie jedesmal, wenn ihre Mama in ihr Zimmer kam: »O wie schade, daß du ihn nicht gesehen hast!« – »Wen?« fragte Astrid. – »Karlsson.« – »Karlsson, wer ist das?« – »Das ist ein kleiner, komischer Mann. Der ist immer hier. Aber sobald du hereinkommst, versteckt er sich hinter den Bildern.«

Einmal, als Karin sieben Jahre alt war und krank im Bett lag, sagte sie zu ihrer Mama: »Kannst du mir nicht was erzählen?« – »Jaa... aber was?« – »Na... von Pippi Langstrumpf.«

Kannst du dir das vorstellen? Das sagte sie einfach so, den Namen hat sie genau in dem Augenblick erfunden. Vielleicht war ihr die Idee durch »Daddy Langbein« gekommen, wer weiß? Aber stell dir vor, wenn sie gewußt hätte, daß daraus ein Buch werden würde, das von Kindern in der ganzen Welt gelesen werden würde!

»Na ja, und weil der Name so verrückt klang, dachte ich, es müßte auch um ein verrücktes Mädchen gehen«, sagt Astrid. »Dann fing ich an zu erzählen. Von Pippi. Und der Villa Kunterbunt. Und von dem Pferd auf der Veranda...«

Und genau wie die meisten Kinder fand Karin alles furchtbar lustig. Und wollte immer mehr und mehr hören. Und als es ihr besserging und ihre Klassenkameraden sie zu Hause besuchen durften, baten auch die ihre Mama, von dieser Pippi zu erzählen. Und Astrid erzählte und erzählte.

Nun kam der März drei Jahre später. Karin wurde zehn. Die Familie wohnte nicht mehr in der Vulcanusgata. Jetzt wohnte sie in der Dalagata. Und es war Winter und Schneetreiben, und der Gehweg am Vasapark war voller Neuschnee. Und unterm Schnee war es spiegelglatt.

»Und es traf sich so unglücklich, daß ich ausrutschte«, erzählt Astrid, »und mir den Fuß so verstauchte, daß ich ihn vierzehn Tage lang stillhalten mußte. Da kam mir die Idee, ich könnte diese Geschichten über Pippi

aufschreiben. Und dann könnte ich sie in einen hübschen Ordner legen und Karin zum zehnten Geburtstag schenken.«
So hat es angefangen. Was für ein GLÜCK, kann man sagen, daß dieser Schnee auf dem Gehweg am Vasapark lag! Astrid hat die Geschichten nämlich nicht nur Karin zum Geburtstag geschenkt, sondern sie auch an einen Buchverlag geschickt. Aber kannst du dir das vorstellen – dieser Verlag sagte NEIN! Sie fanden Pippi einfach *zu* verrückt. Das hat der Verlag bestimmt schon tausendmal bereut. Denn heute weiß ja jeder, daß Pippi der größte schwedische Kinderbucherfolg

Astrid Lindgren im Alter von 37 Jahren

aller Zeiten ist. Und nicht nur auf schwedisch – Pippi wurde in 58 Sprachen übersetzt. Kinder auf der ganzen Welt kennen und lieben Pippi.
Aber Astrid ließ sich nicht die Lust nehmen durch dieses Nein. Sie hatte entdeckt, was für einen Spaß das Schreiben macht. Als der Verlag Rabén & Sjögren ein Jahr später ein Preisausschreiben für das beste Jugendbuch ankündigte, schrieb sie ein neues Buch und schickte es ein. »Britt-Mari erleichtert ihr Herz« hieß es. Und es gewann den zweiten Preis.
Im nächsten Jahr, 1945, machte derselbe Verlag ein Preisausschreiben für Kinderbücher. Da schickte Astrid ihre Pippi Langstrumpf ein und bekam den ERSTEN PREIS.
Jedenfalls wurde Astrid Lindgren 37 Jahre alt, ehe sie ihr erstes Buch veröffentlichte. Es ist fast unvorstellbar, daß heute so viele Bücher in so vielen Ländern erschienen sind, daß sie – wenn man alle Bücher übereinanderstapelte – so hoch wie 175 Eiffeltürme übereinander wären. Oder wenn man alle Bücher in einer Reihe hintereinander legte – dann ergäbe es eine Reihe dreimal um die Erde herum.

Aber woher kriegt sie das alles?

Als Astrid erst einmal angefangen hatte zu schreiben, da war der Fluß gleichsam nicht mehr aufzuhalten. In der Dalagata fand die reinste Bücherexplosion statt. Zuerst kamen fast nur Bücher, die auf die eine oder andere Weise mit Astrids eigener Kindheit zu tun hatten. Aber dann kamen Bücher, da holte sie die Einfälle aus der Umgebung vom Vasapark. Denk nur an Karlsson vom Dach! Der also in der gemütlichen kleinen Vulcanusgata wohnt. Und denk an Bo Vilhelm Olsson! Der in der Upplandsgata wohnt. Und denk an all die Kinder in »Nils Karlsson-Däumling«! Die ganz offenbar in den Straßen rundherum wohnen. Und denk an Gunnar! Der in die Gustav-Vasa-Volksschule geht, die ganz in der Nähe liegt, und der eines Tages ein schwaches Klopfen an der Klassenzimmertür hört und zwei winzige Kinder, nicht größer als Puppen, hereinkommen sieht. So beschreibt Astrid Lindgren Peter und Petras Tanz in der Nacht auf dem Eis im Vasapark:

»Und sie schwebten hinaus und tanzten übers Eis und zogen ihre Kreise vor und zurück auf eine wunderbare, bezaubernde Weise. Es war, als ob ein schwacher Schimmer um sie war, als sie so tanzten, und Gunnar glaubte, eine leise Musik zu hören, von weit her – aber das war vielleicht nur Einbildung. Er hielt den Atem an. Es war das Schönste, was er je gesehen hatte, und er dachte, er würde sich immer, immer daran erinnern, solange er lebte.«

Astrid Lindgren muß eine Gegend sehr gut kennen, ehe sie davon erzählen kann. Sie mußte *dreißig* Sommer draußen in ihrem Sommerhaus in Furusund verbringen, ehe sie ihre Geschichten über Saltkrokan schreiben konnte. Dieses Sommerhaus liebt Astrid übrigens. Wenn sie dort zur Tür hereinkommt, bepackt mit Körben voller Pelargonien und Kuchen, tanzt sie oft einen stillen, einsamen, glücklichen Tanz. Und dort hat sie viele ihrer Bücher geschrieben.

Aber woher nimmt sie all die Figuren? Bo Vilhelm Olsson zum Beispiel und Michel und Krümel und Jonathan Löwenherz?

»Tja«, sagt sie, »woher nehme ich sie? Oft sehe ich sie ja. Bo Vilhelm Olsson zum Beispiel, das war ein kleiner Junge, der eines Abends auf genau der Bank unter einer Straßenlaterne im Tegnérpark saß, als ich vorbeikam. Es war ein dunkler Herbstabend, und der Junge sah so einsam und traurig aus. Und in der

Astrid Lindgren in ihrem Sommerhaus auf Furusund

Upplandsgata 13 ließ ich ihn wohnen, weil ich ihn in der Tür verschwinden sah. Seitdem hab ich ihn nie wieder gesehen. Ist das nicht merkwürdig?

Und Emil – wie Michel aus Lönneberga in den schwedischen Büchern heißt – hat ganz einfach mit dem Namen angefangen. Ich hab ihn mir selbst ausgedacht. Plötzlich eines Tages im Sommer 1962 schrie ich ihn an. Um einen kleinen Dreijährigen zu übertönen, der auch schrie. Er schrie, weil er wütend war, und als er nicht damit aufhören wollte, brüllte ich: ›Weißt du, was Emil aus Lönneberga einmal gemacht hat?‹ Und da schwieg er endlich, denn natürlich wollte er wissen, was Emil aus Lönneberga, wer das auch immer gewesen sein mochte, einmal getan hatte. Ich begann, von einem schrecklichen Jungen zu erzählen, der den Kopf in eine Suppenschüssel steckte und seine Schwester am Fahnenmast hochzog.

Und Jonathan und Krümel Löwenherz? Ja, ich geh gern auf Friedhöfe. Und einmal bin ich über den Friedhof von Vimmerby gegangen und las auf einem Grabstein: ›Hier ruhen die kleinen Brüder Fahlén, gestorben 1860‹. Da wußte ich, daraus würde ein Märchen vom Tod und über zwei Brüder werden. Und über die Geschwisterliebe zwischen diesen beiden Brüdern... Ja, die Idee kam mir tatsächlich eines Tages, als wir den Emil für die Verfilmung aussuchen wollten. Es wurde ein furchtbares Theater gemacht um den kleinen Janne Olsson. Und plötzlich sah ich, wie der kleine Janne auf den Schoß von seinem großen Bruder kroch und wie der sich vorbeugte und den Kleinen auf die Backe küßte. Da sah ich die Brüder Löwenherz vor mir.«

Und dann kommt die Phantasie

»Aber wenn es zum Beispiel um solche Bücher wie ›Ronja Räubertochter‹ geht, sehr phantasievolle Bücher – *was* passiert, wenn die Idee im Kopf entsteht, wenn sich eine solche Idee zu einem ganzen dicken Buch auswächst?«

»Ich glaube«, sagt Astrid Lindgren langsam und betont jedes Wort, »Ronja ist entstanden, weil ich selbst in einer Stadt lebe und Sehnsucht nach der Wildnis habe. Ich sehne mich nach dem Wald – aber ich kann dort nicht sein. Und dann kommt die Phantasie. Es fing damit an, daß ich einen Berg sah und hoch oben darauf eine Räuberburg, und die war genau in der Mitte gespalten. Was mögen da für Menschen wohnen? dachte ich. Natürlich eine Räuberfamilie, die eine Tochter hat, und eine zweite Räuberfamilie, die einen Sohn hat. Also ähnlich wie Romeo und Julia. Erst reizen und ärgern sich die beiden gegenseitig, aber schließlich werden sie gute Freunde.

Doch wie sollten sie heißen? Ja, ich holte mir also den Autoatlas des Königlichen Automobilclubs (dort hat

mein Mann gearbeitet) und schlug den schwedischen Landesteil Norrland auf. Und da gibt es viele schöne Namen, Mattisberg zum Beispiel. Und ein Ort heißt Fjosok – so nannte ich einen Räuber in meinem Buch. Aber wie sollte das Räubermädchen heißen? Ja also, es gibt eine Lappenkote mit Namen Juronjaurekote. Ich habe einfach zwei Silben herausgenommen: Ronja.

Das klang gut, fand ich. Und offenbar hatte ich recht, denn seitdem sind ein Haufen Ronjas in unserem Land geboren worden.«

Wenn die Phantasie erst mal in Gang gekommen ist, wenn Personen und Orte einen Namen haben – dann findet Astrid Lindgren alles langweilig, alles, außer Schreiben. Dann lebt sie mit ihren erfundenen Personen und sehnt sich nach dem Moment, wo sie weiterschreiben kann.

»Ich schreibe immer morgens«, sagt sie. »Abends bin ich zu müde. Und wenn ich zu Bett gehe, hab ich Sehnsucht nach dem Augenblick, wenn ich aufwache und wieder anfangen darf zu schreiben.«

In jedem Buch von Astrid Lindgren steckt viel Arbeit. Jede Seite, die sie schreibt, liest sie noch einmal durch, leise für sich. Dann schreibt sie die Seite um. Und liest erneut. Und schreibt wieder um. Bis es ganz natürlich klingt.

»Ich lasse nicht eher locker, bis ich fühle, daß ich die Seite nicht besser schreiben kann«, sagt sie. »Ob sie gut ist, weiß ich immer noch nicht. Aber sie ist so gut, wie ich es eben kann. So arbeite ich, Seite um Seite. Wenn ein Kapitel beendet ist, lege ich es weg. Und wenn ich das neue Kapitel beginne, ist es, als ob ich ein ganz neues Buch schriebe.«

Es gibt ein Buch, das die meisten kleinen Kinder sehr gern haben. Das ist »Lotta zieht um«. Vielleicht mögen die Kinder es deshalb so gern, weil Lotta es so

Im Sommerhaus auf Furusund

gut hat. Ihre Eltern sind lieb, die Mama ist den ganzen Tag zu Hause und steht in der Küche und backt Kuchen und Brot. Und im Nachbarhaus wohnt Tante Berg, die ist auch lieb.

»Genießt du es selber, wenn du eine freundliche Welt voll Geborgenheit beschreiben darfst?«

»Ja, so wollen Kinder es doch gern haben. Vor ein paar Tagen hab ich eine Sendung im Fernsehen gesehen. Da hat ein Forscher winzige neugeborene Kinder gezeigt. Er sagte, früher habe man geglaubt, daß Neugeborene weder sehen noch hören können. Aber jetzt weiß man, daß sie schon sehr viel aufnehmen. Sie wissen genau, was sie wollen. Und was sie offenbar am meisten wollen, das ist bei ihrer Mama sein. Sie wollen bei ihr und auf ihr sein, wollen an ihr saugen, Milch trinken, oft, sehr oft, und sie wollen es selbst bestimmen. Deswegen ist es so traurig, daß heutzutage so viele Mütter nicht einige Jahre zu Hause bei ihren kleinen Kindern bleiben können, weil sie es sich nicht leisten können.

Vor ungefähr zehn Jahren wurden nur sehr wenige Kinder in Schweden geboren. Zu der Zeit war unser früherer Staatsminister Ingvar Carlsson Zukunftsminister. Und eines Tages rief er zehn verschiedene sogenannte Kinderexperten an, unter anderem auch mich, und sagte: ›Jeder von euch kriegt 10000 Kronen von mir, wenn ihr mir sagt, woran es liegen könnte, daß die Leute so wenig Kinder bekommen.‹

Da antwortete ich: ›Du brauchst mir nicht ein einziges

Öre zu geben. Ich will dir mal sagen, was wir beide, du und ich, im tiefsten Innern *wissen*: Daß Menschen nämlich keine Kinder haben möchten, wenn sie nicht die Möglichkeit haben, mit ihren Kindern zusammen zu sein. Du solltest versuchen, dafür zu sorgen, daß Müttern und Vätern genügend Geld übrigbleibt, nachdem sie ihre Steuern bezahlt haben, so daß sie die ersten drei, vier Jahre zu Hause bei ihren Kindern bleiben können. Es muß nicht die Mama sein. Es kann auch der Papa sein. Aber einer sollte ständig zu Hause sein, davon bin ich felsenfest überzeugt.‹

Als meine eigenen Kinder klein waren, waren die meisten Mütter zu Hause. Aber ich glaube, selbst wenn es nicht so gewesen wäre, selbst wenn alle gesagt hätten, daß es gut wäre, arbeiten zu gehen – ich hätte es nicht getan. Für mich war es ganz selbstverständlich, daß ich in jenen Jahren zu Hause bei den Kindern blieb.

Es gab da allerdings eine andere Dummheit, an die ich glaubte. Zu jener Zeit wurde zum Beispiel behauptet, daß kleine Kinder nicht selbst bestimmen sollten, wann sie an der Brust der Mutter Milch trinken. Es hieß, Kinder sollten alle vier Stunden etwas zu essen bekommen, und wenn sie in der Zwischenzeit schrien, sollte man sie in ein Zimmer legen, das so weit entfernt war, daß man sie nicht schreien hörte. Wenn man daran denkt, daß man tatsächlich geglaubt hat, das sei richtig, könnte man verrückt werden.«

Jetzt verstehst du wohl, warum Astrid Lindgren

Lottas Mama und Papa so beschrieben hat. Lotta lebt genau so, wie Astrid es wünscht, daß kleine Kinder leben.

Was passiert, wenn sie schreibt?

Als Astrid Lindgren einundvierzig Jahre alt war, heiratete ihr Sohn Lasse und zog zu Hause aus.
Als sie vierundvierzig war, starb ihr Mann Sture.
Als sie fünfzig war, heiratete die Tochter Karin und zog zu Hause aus.
Also lebt Astrid Lindgren allein in der Wohnung in der Dalagata, seit sie fünfzig Jahre alt ist. Sie hat zwar fünfundzwanzig Jahre lang als Kinderbuchlektorin beim Verlag Rabén & Sjögren gearbeitet, halbtags, nachmittags, aber sie hat allein gelebt.
Was passiert, wenn sie schreibt?
Ja, wenn sie nicht auf dem Balkon ihres Sommerhauses in Furusund sitzt, dann sitzt sie in ihrem Bett. Die gemütliche Wohnung in der Dalagata ist so aufgeteilt: Zwei Zimmer liegen zum Vasapark hinaus und haben Sonne. Und zwei Zimmer liegen zum Hof hinaus im Schatten. Das hinterste Zimmer ist eine winzige, dunkle, aber behagliche Kammer. Dort ist kaum mehr Platz als für ein Bett. Und *dort* sitzt sie. In ihrem Bett. Oft schon frühmorgens um fünf, denn sie

Astrid Lindgren in der Dalagata

ist ein Morgenmensch. Sie sitzt in ihrem Nachthemd da und stenografiert. Die Bilder und Geschichten in ihrem Kopf kommen so schnell, daß sie gar nicht mit-

halten könnte, wenn sie alles in normaler Schrift mitschreiben müßte.
Sie sagt, sie fühlt sich geschützt vor allem Bösen, wenn sie in ihre innere, geheime Welt eintaucht. In ihrem erwachsenen Leben ist sie oft sehr traurig gewesen. Aber wenn sie anfängt zu schreiben – dann hat sie ein Gefühl, als ob die Traurigkeit nicht wirklich an sie herankäme. Dann ist sie wieder weit weg, in Bullerbü, auf den Sommerwiesen, auf den Heuböden, in den Zimmern, in denen sie einstmals gelebt hat. Und dann ist sie erfüllt von einer Stimmung, die so stark ist, daß sie alles wieder zurechtrücken kann, all das, was das Leben zum Glänzen und Leuchten bringt.
Könnte es nicht sein, daß Astrid Lindgren damit sagen will, man muß erst einmal richtig traurig gewesen sein – bevor man die leuchtende Welt entdecken kann? Denk zum Beispiel an das Buch über Nils Karlsson-Däumling. In ihren Erzählungen sind ja alle Kinder ein bißchen traurig am Anfang.
Bertil hat niemanden, mit dem er spielen kann, den ganzen Tag ist er allein zu Hause. Und Göran hat Schmerzen im Bein und liegt im Bett und hört, wie seine Mama mit trauriger Stimme zum Papa sagt, daß Göran niemals wieder gehen kann.
Aber in dem Augenblick, als alles am traurigsten ist und man sich am verlassensten fühlt – da ertönt ein schwaches Klopfen an der Fensterscheibe. Und herein kommt ein Herr Lilienstengel… Oder man hört

kleine, tappende Schritte unter dem Bett. Und dann ist es Nils Karlsson-Däumling.

Es ist, als ob Astrid Lindgren sagen wollte, daß es hinter diesem normalen Alltäglichen, das wir die ganze Zeit um uns herum sehen, eine *andere* Wirklichkeit gibt. Eine glitzernde, schimmernde, geheimnisvolle Welt.

Wir können sie jedoch erst entdecken, wenn wir die Traurigkeit erlebt haben.

Wie sehen ihre Bücher in anderen Ländern aus?

Heute ist Astrid Lindgren eine der bekanntesten Schriftstellerinnen der Welt. Ihre Bücher wurden in 58 Sprachen übersetzt. Es macht Spaß, all diese Bücher anzuschauen und zum Beispiel zu sehen, wie Pippi in den verschiedenen Ländern heißt. In Dänemark heißt sie Pippi Langströmpe. In England Pippi Longstokking. In Frankreich Fifi Brindacier. In Portugal Pippi Mediaslarga. In Brasilien Bibi Maiea-Longa. In Wales Pippi Hosan-Hier. Aber den witzigsten Namen hat sie in Polen. Dort heißt sie Fizia Pończoszanka.
Übrigens, da kann ich euch etwas erzählen, das beweist, daß Astrid Lindgren über dieselben Sachen lacht wie Kinder: Alle ausländischen Übersetzungen von Astrids Büchern sind in einer Bibliothek in Stockholm gesammelt. Astrids gute Freundin Elsa Olenius hat diese Sammlung der Bibliothek geschenkt. Sie hatte alle Bücher von Astrid bekommen. Sobald eine neue Übersetzung erschien, schickte Astrid ein Exemplar an ihre Elsa. Und jedesmal schrieb sie etwas hinein: »Für meine liebe Elsa«. Oder: »Danke für

schöne Stunden« oder irgend so was. Aber weißt du, was in der Fizia Pończoszanka steht?

Also das: »Für meine FIZIA Elsa mit Liebe von FIZIA Astrid«.

Es macht Spaß, sich die Illustrationen in all diesen Büchern anzugucken. Astrid Lindgren hätte sich gewünscht, daß man in den ausländischen Ausgaben die schwedischen Illustrationen übernommen hätte. Aber viele Länder wollten ihre eigenen Bilder haben. Guck dir diese mal an! So verschieden stellt man sich Pippi in Jugoslawien, Portugal und Polen vor:

Macht es Spaß, so berühmt zu sein?

Was hätte das kleine Mädchen Astrid gedacht, wenn sie in die Zukunft hätte schauen können und erfahren hätte, daß sie einmal eine der berühmtesten Schriftstellerinnen der Welt werden würde?

»Tja, was hätte ich gedacht«, sagt sie. »Ich hätte es nicht begriffen. Eigentlich habe ich es ja immer noch nicht begriffen. Es ist so ein komisches Gefühl. Wenn ich lese, was alles über mich geschrieben wird, und meinen Namen in den Schlagzeilen sehe, dann denke ich: Was für ein Aufstand um diesen Menschen Astrid Lindgren! Ich kann irgendwie nicht begreifen, daß ich das bin. Es ist jemand anders.«

Viele glauben sicher, daß es großen Spaß macht, so berühmt wie Astrid Lindgren zu sein. Und natürlich macht es einerseits Spaß. Aber andererseits ist es auch furchtbar anstrengend. Zu Hause bei Astrid Lindgren klingelt dauernd das Telefon. Leute aus aller Welt wollen mit ihr reden. Sie fragen an, ob sie ihre Bücher verfilmen dürfen. Oder ob sie ein Theaterstück daraus machen dürfen. Und was sie dafür bezahlt haben will.

Undsoweiter, undsoweiter. Und es gibt ständig einen Haufen Leute, die sie gerne besuchen wollen.

»Manchmal«, sagt Astrid, »wenn ich auf Tausenden Besprechungen herumgerast bin und nach Hause komme und mich hier in meinem Flur selbst im Spiegel sehe, dann sage ich zu meinem Gesicht: ›Was treibst du da eigentlich?‹«

Die meisten Menschen führen mit vierundachtzig Jahren ein stilles Leben als Pensionär. Astrid Lindgren wird nie pensioniert. Jeden Tag reißen sich die Leute um sie. Niemals kann sie in Ruhe über die Straße gehen.

»Hallo, sind Sie nicht Astrid Lindgren persönlich?« wird sie gefragt.

»Nee, ich bin die Schwester von Fingal Olsson«, sagt Astrid Lindgren dann.

Da soll es uns nicht wundern, daß Astrid Lindgren jeden Morgen um fünf aufgestanden ist! Das ist der Moment am Tag, in dem sie in Frieden gelassen wird. Da schlafen wir noch, und sie kann in Ruhe in die warme, geheime Welt gehen, die ihr gehört.

Aber schon gegen acht hat der Frieden ein Ende. Da fängt das Telefon an zu klingeln, da plumpst die Post durch den Briefkastenschlitz. »*Was willst du eigentlich mit deinen Büchern sagen?* Für wen schreibst du? Wen siehst du vor dir, während du schreibst?« wollen Kinder aus aller Welt wissen.

Und Astrid denkt: Liebe Kinder, ich wünschte nichts

mehr, als euch allen zu antworten. Aber wenn ich das täte, würde es nie mehr neue Bücher von mir geben.
»Heutzutage verschicke ich häufig vorbereitete Antworten«, sagt sie, »in denen ich erkläre: Ich will *nichts* mit meinen Büchern sagen. Und ich schreibe für niemanden anders als für mich selbst, ich schreibe, weil es solchen Spaß macht und weil ich das Kind, das ich einmal gewesen bin, unterhalten will. Aber niemand freut sich mehr als ich, wenn ich euch mit meinen Büchern froh mache. Einmal hat mir eine Frau in der Menge einen Zettel zugesteckt, auf dem stand: ›Danke, daß du eine düstere Kindheit vergoldet hast!‹ Und wenn es mir gelungen ist, nur eine einzige düstere Kindheit zu vergolden, dann bin ich zufrieden.«
Weißt du – vielleicht ist Astrid Lindgrens größtes Geheimnis doch das, daß *sie sich daran erinnert, wie es war, Kind zu sein.* Sie schreibt für das Kind, das sie selbst einmal gewesen ist – und sie erinnert sich ganz genau daran, was dieses Kind fühlte, was es gern tat, hörte und las!
Als ich, die dieses Buch geschrieben hat, nach Hause gehen will, nachdem ich Astrid Lindgren einen ganzen Tag lang zugehört habe, sage ich zu Astrid:
»Jetzt geh ich durch den Vasapark. Und ich werde an Peter und Petra denken, die auf dem Eis getanzt haben. Und an Karlsson, der über die Hausdächer geflogen ist. Und an dich, wie du mit deinen Kindern in den Bäumen herumgeklettert bist.«

Aber als ich die Treppe ein Stück hinuntergegangen bin, wird oben eine Tür geöffnet, und ich höre Astrid rufen:
»Vergiß nicht zu kontrollieren, ob die Knaben im Vasapark g–z sind!«
Denn so ist sie. So ist sie nämlich. Vierundachtzig Jahre alt. Und dennoch – tief drinnen – noch genauso, wie sie als kleines Mädchen gewesen ist.

Astrid Lindgren – Biographische Daten

1907
Am 14. November wird Astrid Anna Emilia Ericsson auf Näs bei Vimmerby, im schwedischen Småland, als zweites Kind des Pfarrhofpächters Samuel August Ericsson und seiner Frau Hanna geboren. Der Bruder Gunnar ist ein Jahr älter, die Schwestern Stina und Ingegerd werden 1911 und 1916 geboren

1914
Astrid Ericsson kommt in die Schule

1920
Umzug der Familie aus dem roten Pachthaus in ein größeres Haus auf dem Pfarrhof

1924
Nach dem Schulabschluß Volontariat bei der »Wimmerby Tidningen« in Vimmerby

1926
Ausbildung als Sekretärin in Stockholm
Geburt des Sohnes Lars

1927
Erste Stellung als Sekretärin bei der Schwedischen Buchhandels Zentrale

1928
Sekretärin im Königlichen Automobilclub

1931
Astrid Ericsson heiratet Sture Lindgren, Direktor des Königlichen Automobilclubs

1934
Geburt der Tochter Karin

1937
Sekretärin bei dem Kriminalisten Harry Söderman

1941
Familie Lindgren zieht in die Wohnung in der Dalagata in Stockholm, in der Astrid Lindgren heute noch wohnt

1944
Astrid Lindgren schreibt die Geschichte von Pippi Langstrumpf als Geburtstagsgeschenk für ihre Tochter auf. Sie schickt das Manuskript an einen Verlag, der es jedoch ablehnt. Im selben Jahr gewinnt Astrid Lindgren mit einem Mädchenbuch den zweiten Preis in einem Wettbewerb des Verlages Rabén und Sjögren

1945
Astrid Lindgren gewinnt mit »Pippi Langstrumpf« den ersten

Zeichnung aus »Pippi in Taka-Tuka-Land«

Preis des Verlages Rabén und Sjögren im Wettbewerb für Kinderbücher

1946
Astrid Lindgren erhält den Literaturpreis der Zeitung Svenska Dagbladet für »Pippi Langstrumpf« und den geteilten ersten Preis im Wettbewerb des Verlages Rabén und Sjögren für »Meisterdetektiv Blomquist« in der Kategorie Jugendkrimis
Astrid Lindgren übernimmt die Leitung der Kinderbuchabteilung im Verlag Rabén & Sjögren

1947
In Schweden erscheint der erste Band der »Kinder aus Bullerbü«

1947/48
Erste Reisen nach England und in die USA

1949
Der Hamburger Verleger Friedrich Oetinger lernt in Stockholm Astrid Lindgren kennen, erhält die Option auf »Pippi Langstrumpf«, und im Herbst erscheint die deutsche Erstausgabe

1950
Am 27. Oktober wird Astrid Lindgrens erster Enkel Mats (Sohn von Lars) geboren
Für »Im Wald sind keine Räuber« erhält Astrid Lindgren den Nils-Holgersson-Preis

1952
Tod des Ehemannes Sture Lindgren

1953
Erste offizielle Lesereise nach Deutschland. Die Stationen: Hamburg, Bremen, Berlin
In Stockholm wird Pippi Langstrumpf am Tag des Kindes zur Schutzpatronin gewählt

1954
In Schweden erscheint »Mio, mein Mio«, ein Jahr später der erste Band von »Karlsson«

1956
Astrid Lindgren erhält die Prämie des Deutschen Jugendliteraturpreises für »Mio, mein Mio«

1958
Astrid Lindgren wird mit dem Internationalen Jugendbuchpreis, der Hans-Christian-Andersen-Medaille, für »Rasmus und der Landstreicher« und das Gesamtwerk ausgezeichnet

1960
In Schweden erscheint »Madita«

1961
Tod der Mutter Hanna Ericsson

1963
Astrid Lindgren wird auf Lebenszeit in die literarische Gesellschaft »Samfundet De Nio« (Gesellschaft der Neun) gewählt
In Schweden erscheint der erste Band von »Michel«, ein Jahr später »Ferien auf Saltkrokan«

1965
Astrid Lindgren erhält den Schwedischen Staatspreis für Literatur für ihr Gesamtwerk
Sie kauft ihr Geburtshaus auf Näs

1966
In Berlin-Spandau wird die erste Schule in Deutschland nach Astrid Lindgren benannt. Heute tragen 69 Schulen ihren Namen

1967
Die Verlage Rabén & Sjögren und Friedrich Oetinger stiften einen deutschen und einen schwedischen Astrid-Lindgren-Preis, um ihre Autorin zu ehren
Erste Reise in die UdSSR

1969
Tod des Vaters Samuel August Ericsson

1970
Astrid Lindgren und ihr schwedischer Verleger Hans Rabén scheiden aus dem Verlag Rabén & Sjögren aus

1971
Astrid Lindgren wird die Große Goldmedaille der Schwedischen Akademie für Literatur verliehen

1973
Astrid Lindgren wird zum Dr. phil. honoris causa der Universität Linköping ernannt
Ihr Buch »Die Brüder Löwenherz« erscheint in Schweden und Deutschland

Zeichnung aus »Die Kinder aus Bullerbü«, Gesamtausgabe

1974
Tod des Bruders Gunnar

1976
Astrid Lindgren schreibt das Steuermärchen »Pomperipossa in Monismanien«. Dies führt zum Regierungswechsel

1978
Astrid Lindgren erhält als erster Kinderbuchautor den Friedenspreis des Deutschen Buchhandels. Zu diesem Anlaß hält sie die viel beachtete Rede »Niemals Gewalt«
Sie wird zum Ehrendoktor der Universität Leicester ernannt

1980
Wahl zur Vorsitzenden von »Samfundet De Nio«

1981
In Schweden erscheint »Ronja Räubertochter«

1983
Am 21. Juni wird das erste Urenkelkind Matilda geboren (Tochter von Mats)

1984
In Kiel/Mettenhof wird die erste Straße in Deutschland nach Astrid Lindgren benannt

1985
Astrid Lindgren ist mit über zwei Millionen jährlichen Ausleihen der schwedischen Volksbüchereien die am meisten gelesene schwedische Autorin

Zeichnung aus »Madita und Pims«

1985–1989
Astrid Lindgren setzt sich zusammen mit der Tierärztin Kristina Forslund für den Tierschutz ein und streitet sich heftig mit den Ministern und wichtigen Vertretern aus der Landwirtschaft. Sie fordert die Abschaffung der katastrophalen Mißstände der Massentierhaltung und löst damit in Schweden eine Tierschutzgesetzdebatte aus

1986
Tod des Sohnes Lars und ihres deutschen Verlegers Friedrich Oetinger
Verleihung des Selma-Lagerlöf-Literaturpreises. Astrid Lindgren gründet mit ihrem Preisgeld die Stiftung »Solkatten« (Sonnenkatze) für behinderte Kinder

1987
Großes Fest für Astrid Lindgren anläßlich ihres 80. Geburtstags, ausgerichtet von ihrem schwedischen Verlag Rabén & Sjögren. Mit 600 Gästen, darunter viel Prominenz. Zum Beispiel der frühere schwedische Staatspräsident Ingvar Carlsson, Vertreter der amerikanischen und sowjetischen Botschaft in Stockholm und die Schauspieler, die in den Buchverfilmungen die Hauptrollen gespielt haben. Während der Feier wird das Theaterstück »Die Brüder Löwenherz« uraufgeführt
Astrid Lindgren wird als erste Autorin mit dem Leo-Tolstoi-Preis ausgezeichnet
Sie erhält die Goldmedaille des Schwedischen Tierschutzvereins
Briefwechsel mit Michail Gorbatschow zum Thema »Frieden«

1988
Astrid Lindgrens hartnäckiger Kampf gegen Käfighaltung und Massenställe hat Erfolg: Durch ihr Einwirken tritt in Schweden ein neues, verbessertes Tierschutzgesetz in Kraft

1989
Astrid Lindgren weiht am 1. Juli den Freizeitpark »Astrid Lindgrens Welt« in Vimmerby ein

1990
Im Zusammenhang mit der Tierschutzgesetzdebatte erscheint in Schweden das Buch »Meine Kuh will auch Spaß haben«, das Astrid Lindgren zusammen mit Kristina Forslund geschrieben hat

1991
Erweiterung des Freizeitparks mit der naturgetreuen Nachbildung des Stadtkerns von Vimmerby, wie er 1927 ausgesehen hat

1992
Astrid Lindgren wird am 14. November 85 Jahre alt.
In Schweden und Deutschland erscheint zu diesem Anlaß eine Neuauflage des Buches »Die Kinder aus der Krachmacherstraße« mit neuen, farbigen Bildern von Ilon Wikland

Astrid Lindgren – Auszeichnungen und Preise

1944
Zweiter Preis im Wettbewerb des Verlages Rabén & Sjögren, Stockholm, Mädchenbücher für das Alter 10–15 Jahre, für »Britt-Mari erleichtert ihr Herz«

1945
Erster Preis im Wettbewerb des Verlages Rabén & Sjögren, Stockholm, Kinderbücher für das Alter 6–10 Jahre, für »Pippi Langstrumpf«

1946
Literaturpreis der Zeitung Svenska Dagbladet für »Pippi Langstrumpf«
Geteilter Erster Preis im Wettbewerb des Verlages Rabén & Sjögren, Stockholm, Jugendkrimis, für »Meisterdetektiv Blomquist«

1950
Nils-Holgersson-Preis für »Im Wald sind keine Räuber«

1956
Deutscher Jugendliteraturpreis, Prämie, für »Mio, mein Mio«

1957
Staatsstipendium für große literarische Verdienste

1958
Internationaler Jugendbuchpreis, Hans-Christian-Andersen-Medaille, für »Rasmus und der Landstreicher« und das Gesamtwerk

1959
Children's Spring Book Festival Award, New York Herald Tribune, für »Sia wohnt am Kilimandscharo« (Fotos: Anna Riwkin-Brick)

1965
Schwedischer Staatspreis für Literatur für das Gesamtwerk

1966
Literaturstipendium der Zeitschrift Svensk Damtidning

1970
Heffaklumpen der schwedischen Zeitung Expressen für »Michel bringt die Welt in Ordnung«
Ehrenpreis Das Goldene Schiff der schwedischen Gesellschaft für Literaturförderung für das Gesamtwerk
Lewis Carroll Shelf Award für »Tomte Tummetott« (Bilder: Harald Wiberg)

1971
Große Goldmedaille der Schwedischen Akademie für Literatur
Iranischer Kinderbuchpreis für »Pippi Langstrumpf«

Zeichnung aus »Immer dieser Michel«, Gesamtausgabe

1973

Dr. phil. h. c. der Universität Linköping
The Brooklyn Art Books for Children Citations für »Tomte Tummetott«
Lewis Carroll Shelf Award für »Pippi Langstrumpf«
Silberner Griffel (holländischer Jugendbuchpreis) für »Lotta zieht um«

1974

Medaille des Schwedischen Buchhandels für »Die Brüder Löwenherz«
Medaille des Lächelns (Sowjetischer Kinderbuchpreis) für »Karlsson vom Dach« und »Pippi Langstrumpf«
Medaille des Lächelns, polnische Auszeichnung

1975

Litteris et Artibus, Königlich Schwedische Medaille für Literatur und Kunst
Silberner Griffel für »Die Brüder Löwenherz«

1978

Friedenspreis des Deutschen Buchhandels
Honorary Doctor of Letters, University of Leicester
Premio Bancarelino, Italien, für »Die Brüder Löwenherz«
International Writer's Prize Award des Welsh Art Council, Cardiff/Wales
Raiffeisenkulturpreis für besondere Verdienste um die Jugend

1979

Wilhelm-Hauff-Preis für »Die Brüder Löwenherz«

Zeichnung aus »Lotta zieht um«

1979
Internationaler Janusz-Korczak-Preis für »Die Brüder Löwenherz« (polnische Sektion der IBBY)

1983
»Ronja Räubertochter« – Buch des Monats der Deutschen Akademie für Kinder- und Jugendliteratur
Kulturpreis der Gemeinde Vimmerby

1984
Dag-Hammarskjöld-Medaille

1985
Jovan-Jovanovic-Zmaj-Kinderbuchpreis, Jugoslawien
Karen-Blixen-Medaille der Dänischen Akademie
Illis Quorum (Orden) der schwedischen Regierung
John-Hanson-Award, USA
Ernennung zur Ehrenlandwirtin durch den schwedischen Bauernverband
Loisirs jeune élu par l'enfant, Frankreich

1986
Selma-Lagerlöf-Literaturpreis
Schwede des Jahres (Schwedischer Rat von Amerika)
Tierfreund des Jahres (Schwedischer Tierschutzverband)
Lego-Preis, Dänemark

1987
Leo-Tolstoi-Preis, Sowjetunion

1989
Ehrendoktor der Universität Warschau, Polen
Albert-Schweitzer-Medaille des Animal Welfare Institute, Washington, USA

1991
Joseph-Wood-Krutch-Medaille (Gesellschaft für Tierschutz), USA

Seit 1980 ist Astrid Lindgren Vorsitzende der literarischen Gesellschaft »Samfundet De Nio« (Gesellschaft der Neun), deren Mitglied sie 1963 auf Lebenszeit wurde

Um die Autorin zu ehren, haben der Verlag Friedrich Oetinger und der Verlag Rabén & Sjögren einen deutschen und einen schwedischen Astrid-Lindgren-Preis gestiftet

Lieferbare Bücher von Astrid Lindgren

Kinder- und Jugendbücher

Die Brüder Löwenherz
Das entschwundene Land
Ferien auf Saltkrokan
Im Wald sind keine Räuber
Karlsson vom Dach
Karlsson fliegt wieder
Der beste Karlsson der Welt
Die Kinder aus der Krachmacherstraße
Kindertheaterstücke
Klingt meine Linde
Lotta zieht um
Madita
Madita und Pims
Als Lisabet sich eine Erbse in die Nase steckte
Meine Kuh will auch Spaß haben (zusammen mit Kristina Forslund)
Meisterdetektiv Blomquist
Kalle Blomquist lebt gefährlich
Kalle Blomquist, Eva-Lotte und Rasmus
Michel in der Suppenschüssel
Michel muß mehr Männchen machen
Michel bringt die Welt in Ordnung
Als Klein-Ida auch mal Unfug machen wollte
Michels Unfug Nummer 325
Nur nicht knausern, sagte Michel aus Lönneberga
Mio, mein Mio
Pippi Langstrumpf
Pippi Langstrumpf geht an Bord
Pippi in Taka-Tuka-Land
Pippi plündert den Weihnachtsbaum

Der Räuber Assar Bubbla
Rasmus und der Landstreicher
Rasmus, Pontus und der Schwertschlucker
Ronja Räubertochter
Sammelaugust und andere Kinder
Wir Kinder aus Bullerbü
Mehr von uns Kindern aus Bullerbü
Immer lustig in Bullerbü

Gesamtausgaben

Immer dieser Michel
Kalle Blomquist
Karlsson vom Dach
Die Kinder aus Bullerbü
Madita
Pippi Langstrumpf

Anthologien

Erzählungen
Märchen
Pelle zieht aus und andere Weihnachtsgeschichten

Bilderbücher

mit Bildern von Björn Berg:

Michel aus Lönneberga
Mehr von Michel aus Lönneberga

mit Bildern von Ingrid Nyman:

Kennst du Pippi Langstrumpf?

mit Bildern von Marit Törnqvist:

Als Adam Engelbrecht so richtig wütend wurde
Als der Bäckhultbauer in die Stadt fuhr

mit Bildern von Harald Wiberg:

Tomte Tummetott
Tomte und der Fuchs
Weihnachten im Stall

mit Bildern von Ilon Wikland:

Der Drache mit den roten Augen
Guck mal, Madita, es schneit!

Zeichnung aus »Immer dieser Michel«, Gesamtausgabe

Ich will auch Geschwister haben
Ich will auch in die Schule gehen
Kindertag in Bullerbü
Lustiges Bullerbü
Weihnachten in Bullerbü
Lotta kann fast alles
Na klar, Lotta kann radfahren
Natürlich ist Lotta ein fröhliches Kind
Nein, ich will noch nicht ins Bett!
Nils Karlsson-Däumling
Polly hilft der Großmutter

Bildbände

mit Farbfotos von Sven-Eric Delér und Stig Hallgren:

Jule und die Seeräuber

mit Farbfotos von Denise Grünstein und Joakim Strömholm:

Ronja Räubertochter (Das Buch zum Film Text: Tage Danielsson)

mit Farbfotos von Bo-Eric Gyberg:

Pippi außer Rand und Band

mit Farbfotos von Jan-Hugo Norman:

Mein Småland (Text: Astrid Lindgren und Margareta Strömstedt)

Taschenbücher (dtv)

Britt-Mari erleichtert ihr Herz
Kati in Amerika-Italien-Paris
Kerstin und ich
Die Kinder im Dschungel
Madita
Nils Karlsson-Däumling
Polly hilft der Großmutter

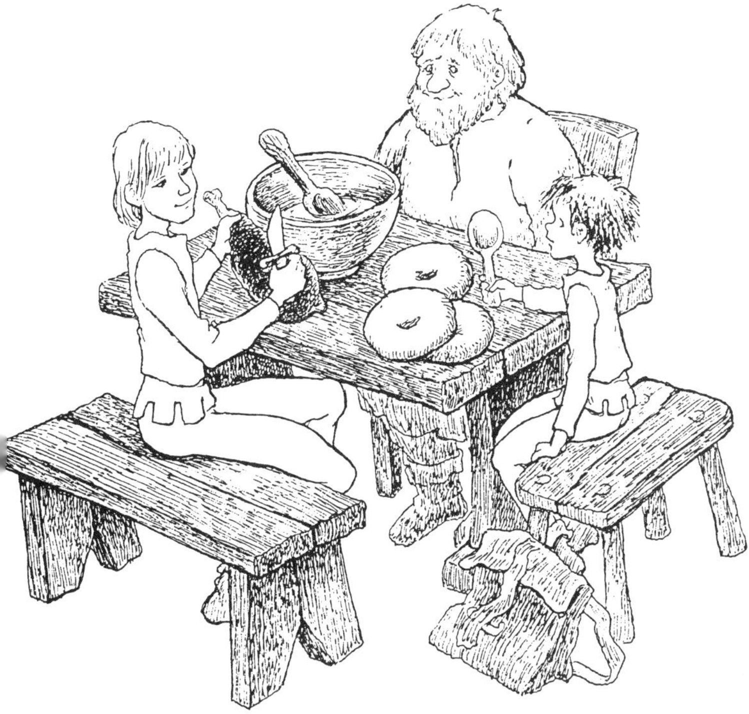

Zeichung aus »Die Brüder Löwenherz«